현직 역사 교사들이 '제대로' 쓴 알차고 재미있는 한국사!

머리 아프게 공부해야 하는 역사가 아닌, 즐기면서 푹 빠져 읽을 수 있는 역사책. 풍부한 사료를 씨줄과 날줄로 삼아 옛사람들의 삶을 생생하게 되살려 낸 점이 돋보인다. 아이들이 진실한 이야기의 속맛을 느끼며, 역사 속으로 빠져들기를 기대한다.
— **김태웅** 서울대학교 역사교육과 교수

아이들의 독서 습관을 잘 아는 선생님들이 '제대로 된' 역사책을 펴냈다. 참 쉽다. 그러면서도 왜 역사가 우리의 삶과 성장에 필요한지를 몸소 느끼고 체험할 수 있게 써 놓았다. 《제대로 한국사》와 함께 우리 역사를 마음껏 탐구해 보자. 두둥두둥~ 자, 출발!
— **장용준** 함평고등학교 교장

아이들이 읽을 역사책은 무엇보다도 내용이 아이들에게 딱 맞는 제대로 된 것이어야 한다. 학교 현장에서 '살아 있는 역사 교육'을 실천해 온 전국역사교사모임 선생님들이 가꾼 한국사 텃밭이라면 우리 아이들이 '제대로 자랄 수 있는' 놀이터이자 우리 역사를 '제대로 느낄 수 있는' 배움터로 충분할 것이다.
— **전병철** 공주생명과학고등학교 교사

역사는 이야기다. 사람들이 있고, 사람들이 한 일이 있고, 그 사이 시간이 흘러간다. 《제대로 한국사》는 지금껏 이 땅에 살았던 사람들의 삶을 끊어지지 않는 이야기로 이어 놓았다. 누구든지 제 삶을 거짓 없이 돌아볼 수 있어야 앞날을 희망으로 그릴 수 있다. 이 책을 읽는 아이들이 만들어 갈 세상이 희망적인 까닭이다.
— **김강수** 수동초등학교 교사, 전국초등국어교과모임 회장

왕이나 위인들만의 역사가 아닌 보통 사람들의 이야기도 담겨 있는 역사책. 역사에 등장하는 인물들의 마음과 생각을 이해할 수 있으며, 초등 역사에서 꼭 알아야 하는 인물사, 생활사, 문화사 등 한국사를 '제대로' 담고 있다. 재미있으면서 가볍지 않고, 진지하면서도 무겁지 않다.
— **문재경** 부산효림초등학교 교사, 전국초등사회교과모임 공동 대표

우리 역사의 큰 흐름을 재미있는 내러티브로 이어 가고 있는 책이다. 관점은 믿음직하고 이야기는 유려하며 내용은 알차다. 아이들에게 권할 만한 '제대로 된 이야기 한국사' 책이 나와 반갑다. 내 아이에게 꼭 읽히고 싶다.
— **이성호** 서울배명중학교 교사, 역사교육연구소 어린이분과 연구원

아이들은 역사에서 오늘을 사는 우리의 삶을 비판적으로 읽어 낼 수 있어야 한다. 왕과 영웅의 역사 이야기 속에서도 언제나 약자였던 백성의 힘을 통찰할 수 있는 눈을 가져야 한다. 이 책은 교과서가 빠뜨린 '역사를 바르게 보는 눈'을 아이들에게 제공한다.
— **박진환** 논산내동초등학교 교사

'읽는 재미'와 '감동'을 선사하는 《제대로 한국사》는 교과서의 보조 교재로 사용하고 싶을 정도로 역사 고증에 충실하다. 이 책을 읽은 아이들은 역사는 암기가 아니라 그 시대를 살아간 사람들이 만들어 간 이야기이고, 역사를 배우는 의미는 깊이 있는 통찰력을 얻기 위해서라는 사실을 자연스럽게 깨닫게 될 것이다.
— **이어라** 의정부여자고등학교 교사

어릴 때 누구나 한번쯤 가져 봤던 궁금증. 내 아버지의 아버지, 아버지의 아버지는 어떤 사람이었을까? 내 어머니의 어머니, 어머니의 어머니는 어떻게 살았을까? 그 질문에 대한 가장 정성스럽고 현명한 답이 들어 있는 책. 박물관의 유물로만 여겨지던 역사를 살아 숨 쉬는 사람의 이야기로 들려주는 책이다.
— **김선정** 남양주월문초등학교 교사

시간의 흐름을 놓치지 않고 우리 역사의 시작부터 지금에 이르기까지를 다룬 《제대로 한국사》는 '살아 있는 이야기'로 다가온다. 이 책을 만나는 사람 모두가 지나온 길을 돌아보는 용기와 앞길을 내다보는 웃음을 얻을 것이라 믿는다.
— **윤승용** 남한산초등학교 교사

전국역사교사모임
선생님이 쓴
제대로
한국사
9

전국역사교사모임
선생님이
쓴

제대로
한국사

9

식민지를 넘어 **해방**의 **시대**로

전국역사교사모임 지음

휴먼
어린이

초대하는 글

역사책을 읽으며 웃고 우는
너희를 보고 싶다

《제대로 한국사》를 막 펼쳐 든 아이들아! 이 책은 우리나라 역사에 대해 쓴 책이란다. 이 책을 쓴 우리는 모두 학교에서 역사를 가르치는 선생님이면서, 너희 같은 아들딸을 둔 부모이기도 해. 너희는 '역사', '역사책'이라고 하면 어떤 생각이 떠오르니?

민경 아, 또 역사책이에요? 엄마가 들이미는 역사책은 재미없고 지루한데……. 나는 '해리 포터' 시리즈 같은 소설책이 좋아요. 한번 읽기 시작하면 점점 빠져들고, 뒷이야기가 궁금해서 견딜 수가 없거든요. 수많은 사람의 삶에 대한 이야기를 읽고 나면 감동도 밀려와요. 하지만 역사책은 별로 재미도 없고 감동도 주지 않으면서 괜히 폼만 잡아요. "이것도 알아야 한다.", "저것도 중요하다."라며 외워야 할 것만 죽 늘어놓고 있어요.

역사가 재미없다고? 그래 맞아. 너희가 그렇게 생각하는 것도 무리는 아니지. 역사 속 수많은 사람의 사는 이야기 대신 이름만 남고, 무슨 뜻인지도 모르고 외워야 할 제도만 남은 역사책은 재미없는 게 당연하단다. 하지만 역사야말로 수많은 사람이 얽히고설키면서 만들어 간 가장 웅장하고 아름다운 이야기, 가장 극적인 울트라 수퍼 드라마란다.

우리는 옛사람들의 삶과 이야기가 묻어나는 살아 있는 역사를 들려주고 싶었단다. 딱딱한 제도와 이름에 숨결을 불어넣어서 너희와 생생하게 만나게 하고 싶었어. 그래서 우리는 옛사람들이 남긴 책과 유물, 유적, 다양한 흔적 등을 열심히 살펴보았단다. 이러한 것들을 '사료'라고 하지. 옛사람들의 숨결과 생각이 담긴 사료들은 아주 생동감 있고 진실한 이야기로 다시 태어나서 너희에게 그 시대 사람들의 삶을 실감 나게 보여 줄 거야.

형주 나는 역사책을 좋아해요. 역사책을 읽으면 새롭게 배우는 게 많거든요. 최초의 근대적 조약은 강화도 조약이고, 최초의 근대적 병원이 광혜원이라는 것도 알아요. 대단하죠? 그런데 도대체 '근대적'이라는 말이 무슨 뜻이에요?

형주는 아는 것이 정말 많구나! 그런데 역사 공부는 퀴즈 대회를 준비하는 것과는 다르단다. 역사를 좋아하고 역사책을 많이 읽었다고는 하지만, 역사라는 커다란 그림을 보지 못하는 친구들도 많단다. 길을 갈 때 보도블록의 모양을 자세히 들여다보느라고 내가 어디로 가고 있는지 보지 못하는 경우처럼 말이야.

시간의 흐름을 칼로 자를 수 없듯이 역사도 계속 이어진단다. 한 사건은 다른 사건을 낳고, 그 사건은 또 다른 사건으로 이어지고……. 눈에 보이지 않는 작은 변화들이 모여서 어느덧 완전히 다른 모습의 사회가 만들어지기도 했단다. 그 속에서 사람들이 어려움을 이겨 내기도 하고, 길이 기억될 만한 멋진 문화유산을 남기기도 했지. 이렇게 큰 그림을 보듯 역사를 만나면, 어느덧 사회를 읽는 눈과 사람을 보는 눈을 키울 수 있단다.

우형 우리나라 역사는 갑갑해서 싫어요. 피라미드나 베르사유 궁전처럼 크고 화려한 유적도 없고, 땅덩이도 좁고, 맨날 다른 나라한테 얻어 터지기나 하고. 우리나라 역사를 읽으면 우울해져요. 우리가 일본보다 먼저 서양 문물을 받아들였다면, 일본의 식민지가 되지도 않았을 테고, 만주 땅도 다 우리 땅이 되었을 텐데 말이죠.

우리가 힘이 세서 다른 나라에 쳐들어갔다면 자랑스러운 역사일까? 자랑스러운 역사, 빛나는 역사는 땅덩어리의 크기나 전쟁의 승리로 정해지는 것이 아니란다. 《제대로 한국사》를 읽다 보면, 우리나라 사람들이 얼마나 열심히 씩씩하게 살아왔는지를 알게 될 거야. 끊임없는 전쟁 속에서도 굳건히 가꾸어 온 희망, 온갖 위기와 역경을 헤쳐 나온 지혜, 좌절을 딛고 일어선 용기를 배울 수 있을 거야. 그러면서 너희는 분명 우리나라 역사를 사랑하게 될 거야.

너희가 만들어 갈 세상은 우리가 살아온 지난날보다 더 나은 모습이기를 바란다. 미래를 만들어 가는 데 과거를 돌아보는 것만큼 도움이 되는 것도 없지. 우리는 《제대로 한국사》가 너희에게 그런 도움을 주었으면 하고 간절히 바란단다.

지금부터 우리 조상들이 살아온 5000년의 이야기, 꿈을 꾼 사람들, 희망을 노래한 사람들, 성공한 사람들과 좌절한 사람들, 실패한 듯 보였지만 역사 속에서 살아난 사람들의 이야기를 들려줄게. 그 속에서 너희가 주인공이 될 멋진 미래를 꿈꾸어 보렴.

2015년 10월
글쓴이들

차례

초대하는 글 • 4

1 나라를 빼앗기고 흩어진 사람들

대한 제국, 일본에 국권을 빼앗기다 • 12
식민지 조선의 희망과 절망 • 36
친일, 굴욕과 배신의 길 • 54
문화재를 찾아서 빼앗긴 땅, 파괴된 500년 도읍 • 58

2 목숨 건 투쟁 속에 움트는 희망

만리타향에서 조국을 위해 싸우다 • 62
민족 해방의 길을 찾아서 • 86
자유를 위해 산산이 부서지다 • 120
세계 속의 한국인 여성, 인간의 길을 찾다 • 134

제대로
한국사
9

3 고통의 기억을 넘어 해방의 길로

조선을 덮친 전쟁의 먹구름 • 138
전쟁의 화염 속에 불타 버린 내 청춘 • 152
조국 해방은 우리 손으로 • 166
문화재를 찾아서 한글을 지키려는 노력의 결실, 《조선말 큰사전》 • 178

연표 • 180
사진 자료 제공 • 183
찾아보기 • 184

1900년
1902년 영국과 일본 동맹 맺음
1904년 러·일 전쟁 발발
　　　　 한·일 의정서 체결

1905년
1905년 을사조약, 경부 철도 개통
1907년 고종, 헤이그 특사 파견
　　　　 고종, 강제 퇴위당함

나라를 빼앗기고 흩어진 사람들

1

1909년
1909년 안중근, 이토 히로부미 사살
전국에서 의병 전쟁 일어남

1910년
1910년 조선 국권 상실
일제, 토지 조사 사업 실시

대한 제국, 일본에 국권을 빼앗기다

비밀리에 진행된 일본의 병합 계획

1902년 2월 19일, 《황성신문》에는 세계 최강국 영국과 일본이 손을 잡았다는 내용의 기사가 실렸다. 이미 인도를 식민지로 삼고 중국을 점령하려던 영국에게 러시아는 눈엣가시였다. 만약 러시아가 중국이나 인도를 노리기라도 한다면 전쟁을 치러야 할 판이었다. 일본도 조선을 완전히 장악하기 위해서는 러시아의 남하를 막아야만 했다.

영국과 일본은 공동의 적인 러시아를 막기 위해 동맹을 맺었다. 일본은 강대국 영국의 힘을 빌려 조선에서 러시아를 본격적으로 밀어낼 계획을 세운 것이다.

1904년, 드디어 일본은 러시아와 전쟁을 벌였다. 일본은 '아시아를 지배하려는 백인을 물리치기 위한 것'이라며 전쟁의 명분을 내세웠지만, 사실 조선과 만주에서 러시아를 몰아내고 자신의 세력을 굳히기 위한 속셈이었다.

러·일 전쟁에 관한 풍자화
영국과 미국이 러시아에 대항하려는 일본을 도와주며 전쟁을 부추기고 있다. 20세기 초 서양 열강들은 식민지를 누가 차지할 것이냐를 두고 서로 협력하거나 경쟁했다.

일본이 일방적인 승리를 거두고 있을 때, 일본은 미국과도 조약을 맺어 조선에 대한 권리를 인정받았다. 대신 일본은 미국이 필리핀을 식민지로 삼는 것을 인정했다. 일본은 영국과도 제2차 동맹을 맺었다. 세계 최강국인 미국과 영국이 일본에게 조선의 지배권을 인정해 준 것이나 다름없었다.

영국은 일본을 돕기 위해 러시아 함대의 길목을 막았다. 일본군과 싸우기 위해 조선으로 향하던 러시아의 발틱 함대는 바닷길 곳곳에서 영국 군함과 충돌했고, 일본군과 싸워 보지도 못한 채 본국으로 돌아가는 경우도 많았다. 결국 일본이 전쟁에서 러시아를 이겼고, 1905년에 맺어진 러시아와 일본의 조약에서 조선은 일본의 '보호국'으로 표현되었다.

조선도 일본이 만든 화폐를 써라

일본은 대한 제국의 일에 본격적으로 간섭하기 시작했다. 러·일 전쟁이 한창 진행되고 있을 때, 일본은 대한 제국과 조약을 맺고 경제 고문 메가다를 파견했다. 고문은 어떤 정책을 정할 때 조언을 해 주거나 정책의 방향을 일러 주는 역할을 하는 사람이다.

대한 제국에 온 메가다는 가장 먼저 지나치게 많이 발행된 백동화를 거둬들이고, 다른 화폐를 사용해 경제를 안정시켜야 한다고 주장했다. 메가다의 의견에 따라 대한 제국은 모양과 가치가 제각각인 백동화와 엽전 사용을 모두 금지했고, 일본이 세운 다이이치 은행에서 새로 발행한 화폐만을 사용하도록 했다. 사람들이 가지고 있던 백동화는 가치를 반만 쳐서 새 화폐로 바꿔 주었다.

상평통보   당오전   백동화

개항기에 사용된 화폐와 화폐 무효에 대한 고시
1905년, 일본은 당시 사용되던 조선의 모든 화폐를 무효화하고 일본 은행에서 발행한 화폐로 바꿨다.

일본 제일 은행에서 발행한 지폐

가진 재산이 졸지에 반으로 줄어든 대한 제국 사람들은 덜 쓰고 덜 먹을 수밖에 없었다. 세금을 꼬박꼬박 내는 것도 힘들었다. 이들이 낸 세금은 다시 다이이치 은행에 모여 일본인 경제 고문 메가다가 정하는 곳에 쓰였다. 대부분 일본인 사업가들의 회사를 돕는 데 세금이 사용되었다.

고종은 더 이상 자기 나라 세금을 필요한 곳에 사용할 수 없었고, 그동안 추진하던 개혁 사업은 모두 중단되었다. 이제 대한 제국의 곡식과 자원뿐 아니라 세금까지도 모두 일본을 위해 쓰였다.

위협과 강요로 얼룩진 을사조약

1905년 11월 17일 새벽, 겨울을 재촉하는 을씨년스러운 날씨에 새벽일을 나온 사람들의 어깨가 움츠러들었다.

"저리 가. 왜 모여 있는 건가! 어서 흩어져!"

삼삼오오 모여 두런두런 이야기를 나누던 조선 사람들은 일본군이 휘두르는 몽둥이에 당황해 뿔뿔이 흩어졌다.

날이 밝기 전부터 일본 군인들은 중무장을 하고 한성 곳곳에 배치되어 지나가는 사람들을 노려보고 있었다. 기다란 검을 허리에 차고 손에 총을 든 일본 경찰과 헌병, 군인들로 종로 거리가 검게 물들었다. 특히 고종이 머물고 있는 경운궁 앞에서는 특별 훈련을 받는다는 군인들이 열을 지어 옮겨 다니며 공포 분위기를 조성했다.

경운궁 중명전 안에서는 조선의 앞날을 결정하는 고종과 대신들의 회의가 열리고 있었다.

1 나라를 빼앗기고 흩어진 사람들 · 15

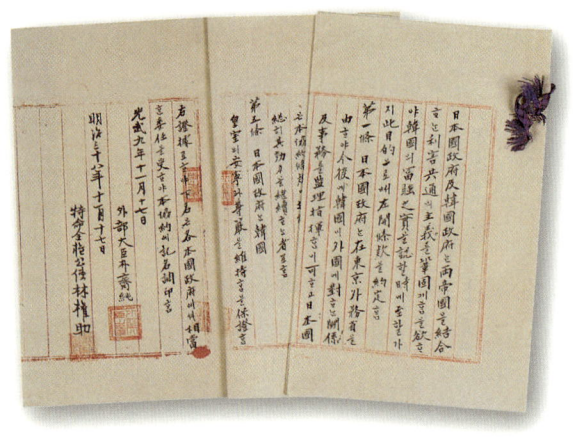

〈을사조약문〉
대한 제국을 사실상 일본의 식민지로 만든 〈을사조약문〉. 고종의 최종 승인이 없어 국제법상 무효임이 최근에야 밝혀졌다.

"황제 폐하께서 칙령을 내려 우리의 독립 의지를 굳건히 밝히시옵소서."

세 시간이 넘도록 이어지는 회의 내내 한규설은 조약 반대를 주장하고 있었다.

"역시 그편이 낫겠지요?"

고종은 한규설의 의견에 찬성의 뜻을 넌지시 내비쳤다. 이때 이완용이 나섰다.

"황제 폐하, 지금 이렇게 회의가 열린 것을 알면 이토 히로부미와 하야시가 가만있지 않을 겁니다. 어제 대신들의 회의에서 분명 조약에 찬성할 것이 결정되었는데, 또다시 뒤집는다면 어찌 되겠습니까? 지금 한성 거리에는 일본 군대가 가득 들어차 있습니다."

"세상의 이치가 일본으로 흘러가고 있는데, 애써 저항해 보았자 체신만 서지 않을 듯하옵니다. 조약에 찬성한다는 뜻을 전달하시옵소서."

이지용이 이완용을 거들고 나섰다. 팽팽한 긴장감이 감도는 가운데 말싸움이 이어지다가 끝까지 조약에 반대한 한규설의 의견이 받아들여졌다. 이 사실을 전해 들은 일본 공사 하야시는 노발대발했다.

"이게 무슨 경우입니까? 어제는 분명 대신 여러분이 찬성 의사를 밝히지 않았습니까? 대한 제국 황제께서도 여러분의 결정에 따를 것을 선언했소. 이렇게 시간을 끄는 것은 아무런 소용이 없다는 것을 모르시오?"

하야시는 흥분해 목소리를 높였다. 하야시는 일본 천황이 파견한 이토 히로부미와 함께 '일본이 조선을 보호한다.'는 내용의 조약을 체결하기 위해 온갖 권모술수를 동원했다. 하야시는 급히 일본 천황의 명을 받고 조선에 온 이토 히로부미에게 연락을 했다.

곧 검은 승용차 한 대가 경운궁 중명전 앞에 와 섰다. 검은 정장 차림의 이토 히로부미가 헌병의 호위를 받으며 중명전으로 들어갔다. 날은 이미 어두워져 있었다. 집으로 돌아가려던 대신들은 일본 군인의 총칼에 떠밀려 다시 중명전으로 들어갔고, 이어 회의가 시작되었다. 고종은 몸이 좋지 않다며 회의 자리에 나서지 않았다.

자리에 앉은 이토는 박제순을 쏘아보며 말했다.

"이 조약의 체결에 찬성합니까?"

"절대 반대합니다. 황제 폐하의 명령이라면 따를 수밖에 없지만, 그렇지 않고서는 찬성할 수가 없소."

"그래요? 대한 제국의 황제 폐하는 이 조약에 반대 의견을 말한 적이 없소. 그러니 당신 또한 찬성한다는 뜻으로 받아들이겠소."

이런 식으로 이토는 탁지부 대신 민영기, 법부대신 이하영의 의견을 묻고 '반대'라고 말하는 그들의 의견에 여러 조건을 붙여 '찬성'이라고 적었다. 학부대신 이완용, 군부대신 이근택, 내부대신 이지용은 이토가 묻기도 전에 찬성 의사를 밝혔다. 농상공부 대신 권중현은 조약문의 일부 내용을 수정한다면 찬성하겠다 했고, 참정대신 한규설만 끝까지 조약 체결에 반대했다.

을사오적
일본이 대한 제국에 을사조약을 강요할 때 조약 체결에 찬성한 다섯 대신을 말한다. 이들은 그 보답으로 일본으로부터 매우 많은 돈과 땅을 받았다.

외부대신 박제순
내부대신 이지용
농상공부 대신 권중현
학부대신 이완용
군부대신 이근택

이토는 다섯 대신이 찬성했기 때문에 조약이 인준되었다고 선언했다. 이 소식을 들은 고종이 궁내 대신을 급히 보내 2~3일의 여유를 달라고 부탁했지만 이토는 이미 결정된 것이라며 거부했다.

1905년 11월 18일 새벽 2시, 이렇게 통과된 조약은 외부대신 박제순과 일본 공사 하야시 사이에서 정식으로 체결되었다. 대한 제국 황제 고종의 동의도 받지 못한 엉터리 조약이었다. 그리하여 '강압적으로 맺은 조약'이라는 뜻에서 '을사늑약'이라고도 부른다.

터져 나오는 조선인들의 분노

을사조약은 국제법상 성립되지 않는 조약이었다. 우선 조약 체결이 강요와 억압에 의한 공포 분위기 속에서 이뤄졌고, 의사를 밝혀야 할 대신들의 행동이 억압당하고 있었으며, 대한 제국의 황제 고종의 승인을 받지 못했기 때문이다.

그러나 일본은 곧바로 을사조약이 정식으로 체결되어 조선은 일본의 보호국이 되었다고 발표했다. 이제 조선의 외교권을 일본이 대신 갖게 된 것이다. 조선은 이제 조선의 이름으로는 어떤 조약도 맺을 수 없고, 외국에 사람을 보낼 수도 없었다. 국제 사회에서 '조선' 또는 '대한 제국'이란 나라는 사라져 버렸다. 사실상 식민지로 전락한 것이다.

을사조약이 체결되고 이틀 뒤, 전국 곳곳에 을사조약의 부당성을 주장하는 《황성신문》이 뿌려졌다. 거기엔 편집장 장지연의 논설이 실려 있었다.

…… 저 개돼지만도 못한 정부의 관리들이 자기들의 이익만 엿보고 일본이 거짓으로 위협하는 것조차 겁내면서, 4000년 이어 내려온 땅과 500년 전통의 조선을 외국인에게 바치고 우리 민족 2000만을 외국인의 노예로 만들었다! …… 무슨 낯으로 우리 황제 폐하를 다시 대하며, 무슨 낯으로 2000만 동포를 다시 대하리오. …… 남의 노예가 된 우리 2000만 동포여, 살았는가, 죽었는가! ……

장지연은 을사조약 소식을 듣고는 솟아오르는 분노를 담아 논설문을 썼고, 일본의 검열도 무시한 채 평소보다 많은 1만 부의 신문을 인쇄해 곳곳에 뿌렸다. 그러고는 사무실에 의연히 앉아 경찰이 들이닥칠 것을 기다리다가 끌려갔다. 《황성신문》은 곧바로 발간이 금지되었다.

사람들은 장지연의 글을 읽으면서 함께 눈물을 흘렸다. 그러고는 분노에 치를 떨며 경운궁 앞으로 몰려들었다. 하루아침에 조선이 일본의 손

장지연과 〈시일야방성대곡〉
장지연은 을사조약을 체결한 일본 정부와 대신들을 정면으로 비판하는 사설을 《황성신문》에 실어 사람들의 분노를 일깨웠다.

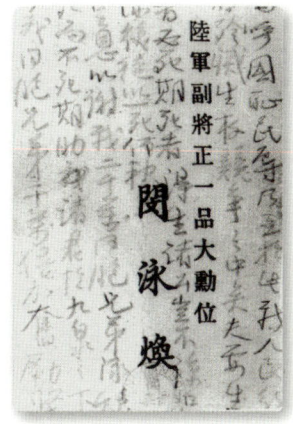

민영환과 그의 유서
민영환은 명성 황후의 조카로, 일찍부터 높은 관직을 두루 거쳤다. 을사조약 때 자결로 망국의 한을 달랬다.

아귀에 들어갔다는 사실을 순순히 받아들일 사람은 아무도 없었다.

경운궁 앞에 구름처럼 모여든 사람들은 조약에 찬성한 다섯 대신의 이름을 부르며 분통을 터뜨렸다. '을사오적'을 향한 분노는 전국에서 터져 나왔다.

대신 민영환과 조병세는 궁궐에 들어가 고종을 향해 무릎을 꿇고 조약 무효를 주장하다가 결국 일본군에 의해 끌려 나왔다. 집으로 돌아온 두 대신은 자결하며 유서를 남겼다.

> 신하라는 자가 나라를 팔아 500년 조선이 위태하고 2000만 백성이 장차 노예를 면치 못하게 되었으니, 이때가 바로 피를 뿌리고 눈물 흘릴 때라!…… 나는 저승에서 도울 터이니 독립에 힘쓰고 힘쓰라!

대신들의 장례에는 수천 명이 몰려와 눈물을 흘리고 입술을 깨물었다.

1907년에는 나인영과 오기호, 최동식이 지방 각지에 있는 장사 수백 명을 모집해 을사조약에 찬성한 다섯 대신을 처단하기 위한 암살단을 조직했다.

이들은 다섯 대신이 가는 길에 숨어 있다가 총격을 가하거나 집에 폭탄을 보내 나라를 팔아넘긴 오적을 없애고자 했다. 비록 성공을 거두지는 못했지만 을사조약 체결에 적극적으로 반대하지 않았던 관리들의 간담을 서늘케 했다.

고종도 비밀리에 을사조약의 부당함을 국제 사회에 알리고자 노력했다. 을사조약이 부당하게 체결된 과정을 밝히는 글을 영국의 신문사에 보내는가 하면, 헤이그에서 열리는 만국 평화 회의에 특사를 파견하기도 했다.

고종은 이준, 이상설과 외국어에 능통한 이위종에게 러시아 황제에게 전하는 친서를 주며 만국 평화 회의에서 연설할 수 있는 기회를 얻으라고 지시했다. 을사조약이 부당한 강요와 위협 속에서 강제로 체결되었음을 세계에 알리려는 계획이었다.

그러나 헤이그에 온 러시아 대표는 이들의 요구를 받아들이지 않았고, 주최국인 네덜란드도 조선에서 온 세 명의 특사를 회의장에 들어가지 못하게 했다.

이를 안타깝게 여긴 미국인 헐버트는 이들의 주장을 국제 협회라는 회의에서 펼칠 수 있게 도와주었고, 전 세계 기자들이 쓴 기사를 통해 을사조약의 부당함이 널리 퍼져 나갔다.

헤이그 특사와 특사 위임장
1907년 네덜란드 헤이그에서 열린 만국 평화 회의에 고종이 파견한 특사와 위임장이다.
왼쪽부터 이준, 이상설, 이위종이다. 이들은 연설을 통해 을사조약의 부당함을 세계에 알렸다.

많은 신문에 헤이그 특사와 관련된 기사가 나가자 일본은 세계적인 망신을 당했다. 이 모든 것이 고종의 주도로 이뤄졌다는 사실을 안 통감 이토 히로부미는 고종을 감금하고 위협하더니, 결국은 황제 자리를 순종에게 넘기도록 강요했다.

아직 나이가 어리고 경험이 부족한 순종이 일본의 조선 침략에 여러모로 편리했기 때문이다. 일본은 남산에 대포를 설치해 경운궁을 겨냥한 뒤 일을 진행시켰다.

이토 히로부미는 고종이 스스로 황제 자리를 순종에게 물려주기로 했다고 거짓으로 선전하고 곧바로 식을 진행시켰다. 고종과 순종이 치욕을 피하기 위해 행사에 불참하자, 내관 두 명이 이들의 역할을 대신해 식을

1 나라를 빼앗기고 흩어진 사람들 · 23

치렀다.

고종의 퇴위 소식을 들은 사람들은 경운궁에 몰려와 엎드려 통곡하며 일본의 부당한 조치에 분개했다. 사람들은 흥분해 경찰서를 습격하고 이완용의 집에 불을 지르기도 했다.

순종이 즉위하고 5일 뒤, 이완용 등 친일파 관료가 앞장서서 일본과 새로운 조약을 맺었다. 일본이 조선에서 외교권뿐 아니라 행정권까지도 행사할 수 있게 한 조약이었다. 일본에게 위협이 될 수 있는 조선의 군대도 이때 해산시켰다.

일본이 조선을 병합하기 위해 진행하는 모든 일이 대신들의 반대도 없이 착착 진행되었다. 소식을 전해 듣는 백성들만 가슴을 치며 원통해 할 뿐이었다.

그러나 조선의 모든 사람이 일본에 분노했던 것은 아니다. 대표적인 친일 단체인 일진회는 초대 통감으로 이토 히로부미가 부임하자 숭례문에 '환영'이라고 쓴 현수막을 내걸었다. 그리고는 고종이 퇴위하는 것에 대해 절대적인 지지를 보냈으며, 하루빨리 한국과 일본이 병합되어야 한다고 주장했다.

민족의 울분을 담아냈던 《황성신문》과는 정반대의 입장을 드러낸 신문도 있었다. 앞으로 큰 화를 면하고자 한다면 일본에 대한 울분을 꾹 참으라고 권유하는 《제국신문》이었다. 그들은 조선이 살아남으려면 일본과 비슷해지는 것이 좋겠다고 생각했지만, 그것은 민족을 짓밟고 눈앞의 이익만 챙기는 어리석은 판단이었다.

들불처럼 번지는 의병 투쟁

전국 각지에서는 의병이 들불처럼 일어났다.

> 500년을 전해 온 종묘사직이 하룻밤에 망했다.…… 우리 황실과 대신 문무백관과 사농공상과 서리와 수레잡이들이 다 무기를 들고 일어서자. 한마음 한뜻으로 뭉쳐 역적을 죽여서 그 간을 내어 먹고, 왜적을 무찔러 그 소굴을 소탕하자!

일흔이 넘은 유학자 최익현이 전라북도 태인에서 격문을 돌리자, 의병들이 몰려들어 금세 800명을 넘었다. 일본군과의 전투 중에 붙잡힌 최익현은 쓰시마 섬으로 끌려가 옥중에서 숨을 거뒀다. 충청남도 홍주에서는 민종식을 따르는 1000여 명의 의병이 홍주성을 점령하기도 했다.

평민 출신 중에서도 의병장이 등장했는데, 경상북도 영덕에서 활약한 신돌석은 신출귀몰한 전술로 일본군들을 골탕 먹였다. 신돌석은 자신을 따르는 의병들과 함께 일본군이 지나는 곳에 매복하고 있다가 기습적으로 공격을 퍼붓곤 했다. 일본군은 신돌석을 잡으려고 군사를 동원했지만 번번이 당할 뿐이었다. 신돌석 부대에는 각지에서 보내 준 식량과 옷가지, 자금이 몰려들었다. 비록 직접 총을 들지는 못했지만, 목숨 걸고 싸우는 의병을 도우려는 사람들이 보낸 것이었다.

이 밖에도 강원도 산골에서 호랑이 잡던 포수들이 모인 원용팔 부대, 나라를 위해서 싸우라는 고종의 밀지를 받고 경상북도 영천에서 일어난 산남의진, 신돌석 부대와 연합을 맺기도 했던 유시연 부대 등 많은 의병이 목숨을 걸고 싸움에 나섰다.

일본이 대한 제국의 군대를 해산시키고 난 뒤 의병의 활동은 더욱 활발해졌다. 일본은 한밤중에 군대 해산을 발표하면서 군인들이 가진 칼과 총을 모두 거둬 갔다. 다음 날 아침, 일본은 대한 제국 군인들을 모아 해산식을 거행하고 그동안 수고한 대가라며 돈을 조금씩 나눠 주었다.

하지만 서소문에 있던 제2연대 군인들은 일본이 군대를 해산하려 한다는 소식을 듣고는 무기를 반납하지 않은 채 군부

신돌석
의병장 신돌석은 경상북도 영덕을 중심으로 의병 활동을 펼쳤으며, '태백산 호랑이'라는 별명을 얻기도 했다.

대 안에 모여 있었다. 대장 박승환도 훈련원으로 모이라는 명령을 어기고 부대 안을 지키고 있었다. 이미 일본 군대가 부대 안에 들어와 있었고, 일본군과 군인들 사이에 팽팽한 긴장감이 감돌고 있었다.

그때 한 군인이 뛰어나오며 소리쳤다.

"여보게들! 박승환 대장이 자결을 했네!"

부대 앞에 있던 군인들은 찬물을 끼얹은 듯 일순간에 고요해졌다.

"조금 전에 훈련원에서 군대 해산식이 거행되었다는 소식을 듣고, 차마 군인에게 무기를 내놓으라고는 할 수 없다면서 권총으로……."

모여 있던 군인들이 동요하기 시작했다.

"왜놈들에게 해산당하는 우리의 처지가 얼마나 원통했으면……."
"이대로 물러설 순 없네! 우리가 물러나면 누가 저 승냥이 같은 왜놈에 맞서 대한 제국을 지킬 것인가!"
"탕탕!"

소란을 뚫고 총성이 들렸다. 누군가가 일본군 대장을 향해 총을 쏜 것이다. 당황한 일본군도 총을 쏘기 시작했다. 삽시간에 부대 안은 전쟁터로 변했다. 얼마 동안 총격전이 계속되며 또 다른 일본 군인들이 들이닥쳤다. 불리해진 조선 군인은 부대 밖으로 흩어졌고, 일본군이 이들을 쫓아 총을 쏘며 달려들었다. 서소문 거리에는 피를 흘리며 쓰러진 조선 군인들의 시신이 100구도 넘었다. 일본군은 서소문부터 남대문까지 민가를 샅샅이 뒤져 숨은 군인들까지 찾아내 처형했다.

이 소식을 들은 군인들은 울분을 참지 못했고, 나라를 지키기 위해 훈련받은 자신들이 나서야 할 때임을 알았다. 이후 전국의 의병 부대는 군인들의 참여로 활기를 띠었다.

체계적인 전투 훈련을 받은 군인들이 의병 부대에 들어오자 투쟁 전술이 더욱 강력해졌고, 희생자를 덜 내고도 일본군에 맞서 싸울 수 있었다. 1908년에는 전국에서 약 2000여 회의 전투가 일어났고, 의병을 잡지 못한 지방 관리가 사표를 쓰는 일이 잦았다.

의병 출신도 훨씬 다양해져서 이강년, 이인영 같은 유학자 출신뿐 아니라 포수로 이름을 날렸던 홍범도와 머슴 출신 안규홍 같은 의병장도 나왔다. 전국 곳곳에 의병이 일어나지 않은 곳이 없었다.

하지만 의병 투쟁이 각 지방마다 흩어져 일어나다 보니 큰 힘을 발휘하기는 어려웠다. 마침내 전국의 의병이 힘을 합쳐 한성을 되찾으려는 작전을 세웠다.

"군사를 일으킬 때 중요한 것은 일치단결인데, 각 지역의 의병이 한데 모여 경기 땅으로 쳐들어가면 천하를 다시 우리 것으로 만들 수 있을 것이다……."

격문을 전국에 전달했던 이인영이 각 도의 의병 대장이 모인 자리에서 총대장으로 선출되었고, 1908년 1월 한날한시에 동대문으로 진격하기로 계획을 세웠다. 전국의 의병 1만여 명이 이 작전에 동참했다. 그러나 이 소식을 미리 입수한 일본군들이 각 지역의 의병이 올라오는 길목을 모두 막아 버렸고, 결국 한성 안에 들어온 의병이 얼마 되지 않아 작전은 실패하고 말았다.

그러나 이후에도 전국 각지에서 의병들이 일으킨 투쟁의 불꽃은 계속 타올랐다. 1909년 10월, 중국 하얼빈에서 날아온 안중근의 의거 소식은 의병들에게 기쁨과 용기를 주었다. 거리에서는 안중근 사진과 '충신 안중근'이라 쓰인 그림엽서가 불티나게 팔렸고, 재판 과정에서도 의연한 모습을 보인 그를 칭송하는 소리가 끊이지 않았다. 안중근은 을사조약을 추진해 조선을 통째로 일본 손아귀에 넣은 이토 히로부미를 사살해 모든 조선 사람들의 마음속 울분을 씻어 주었다.

그러나 이 와중에도 "이토가 서거한 것에 대해 일본에게 진심으로 사죄하자."며 통지문을 돌리는 사람들이 있었다. 이들은 일본군에 적극 협력해 의병 토벌에 발 벗고 나섰다. 의병이 출몰한다는 지역을 이 잡듯이 훑고 다녔는데, 의병을 도운 주민들의 집을 불태우거나 가축을 잡아갔다.

가족 앞에서 유언하는 안중근 의사와 그의 유묵
안중근 의사는 이토 히로부미를 사살한 뒤 뤼순 감옥에 갇혔다가 처형되었다. 그는 두 동생에게 "천국에 가서도 국권 회복을 위해 힘쓸 것"이라는 유언을 남겼다고 한다.

의병에게 밥 한 그릇이라도 준 적이 있는 사람이면 남자, 여자, 어린아이 할 것 없이 모두 끌고 갔다. 일본군이 지나간 조선인 마을은 흔적도 없이 사라졌다.

식량을 모아 주고 옷을 지어 주고, 일본군에게 쫓길 때는 말없이 숨겨 주는 조선인 마을이 사라질수록 의병 활동도 더욱 어려워졌다. 일제의 대토벌 작전 이후 의병들은 훗날을 기약하며 두만강과 압록강을 건넜다.

그러나 호남 지방만은 예외였다. 호남에서는 여전히 수많은 사람이 의병에 참여하고 있었다. 자연의 법칙에 묵묵히 따르며 살던 호남의 농민들은 자신이 피땀 흘려 가꾼 땅을 일제에 순순히 내놓을 수가 없었다.

게다가 전국을 들끓게 했던 동학 농민 운동의 함성이 아직 채 가시지도 않았는데, 그때 눈도 감지 못하고 죽은 형제와 이웃을 생각해도 가만있을 수는 없는 일이었다.

호남 지역의 의병은 낮에는 평범한 농민으로 살다가 위급한 상황이 생기면 힘을 합쳐 일본군을 공격했다. 그 위세가 얼마나 대단했는지, 일본인들이 10리 길도 마음 놓고 걸을 수가 없을 정도였다고 한다. 사람들은 재산을 팔아 비밀리에 의병의 무기를 사고, 의병 활동을 하다가 목숨을 잃은 사람들의 가족을 돌보았다.

1909년 9월, 통감부는 드디어 호남 의병 토벌 작전을 실행에 옮겼다. 전라도 지방 구석구석까지 군인과 경찰을 배치하고 골목마다 지키고 서서 모든 집을 수색했다. 집 안에서 탄환이 발견된 자는 물론이고, 의병 활동에 참여한 사람과 친한 사람, 의병 집안에 보리쌀 한 됫박이라도 갖다 준 사람까지 모두 끌어내 잡아갔다. 잡혀간 사람은 모두 죽임을 당했고, 그 처자식까지 모진 고문을 당했다. 마을은 불탔고, 논밭은 짓밟혔다.

의병들은 일본군의 추격을 피하기 위해 도망쳤다. 어둠을 틈타 산을 타고 강을 건너 계속 남쪽으로, 남쪽으로 달아났다. 일본군의 눈에 띈 의병들은 생애 마지막으로 '돌격'을 외치며 일본군의 총 앞에 자신의 몸을 던졌다.

숨을 곳을 찾아 산속으로 들어간 의병들을 찾아내기 위해 일본군은 산을 불태웠다. 그들은 타다 만 의병들의 시신에 또다시 칼을 꽂았다. 일본군의 토벌 작전으로 사로잡힌 의병장만 103명, 죽거나 체포된 의병은 4000명이 넘었다.

그러나 일본의 잔인한 탄압도 의병의 기개를 꺾을 수는 없었다. 일본군은 잡혀 온 의병들의 당당함에 다시 한 번 기가 죽었다.

"누가 의병을 일으켰는가? 의병장이 누구인지 빨리 말해!"

의병장 허위를 취조하던 일본군 사령관이 물었다.

"이토 히로부미가 의병을 일으켰고, 의병장은 나다."

허위의 당당한 말에 깜짝 놀란 일본군이 허위를 노려보았다.

"뭘 그렇게 보는 건가! 이토 히로부미가 조선을 침략하지 않았다면 의병도 일어나지 않았을 것이니, 이토 히로부미가 바로 의병을 일으킨 장본인이 아니겠는가! 하하하……."

또 다른 의병장 이석용은 "일본의 신민이 되라."는 일본군의 말에 "조선의 닭과 개가 될지언정, 일본의 신민은 아니 되겠다."고 대답했다.

의병이 최후까지 보여 준 담대한 용기와 굳은 의지는 나라를 잃은 조선 사람들의 마음속에 다시 희망을 피워 냈다.

체포된 호남의 의병장들
1909년에 일본이 의병 소탕을 위해 실시한 남한 대토벌에서 붙잡힌 호남의 의병장들이다. 대부분 살인과 방화죄로 처형당했다. 이후 의병들은 일제의 탄압을 피해 근거지를 국외로 옮겼다.

안규홍 의병장의 나침반
전라남도 보성에서 의병 전투를 이끈 안규홍 의병장이 사용했던 나침반이다.

'불원복' 태극기
고광순 의병장이 품에 간직했던 태극기이다. 태극기 중앙에 붉은 색실로 '不遠復(머지않아 국권을 회복한다)' 글자가 수놓여 있다.

500년 조선, 막을 내리다

의관을 정제하고 앉아 술을 따르는 황현의 손이 가늘게 떨렸다. 알맞게 익은 더덕 술이 그윽한 향기를 내고 있었다. 그는 하얀 종이에 수북이 담긴 아편 가루를 잔에 털어 넣었다.

'나라를 끝내 지키지 못한 나의 죄, 죽음으로 씻으리라.'

황현은 경복궁과 경운궁 쪽을 향해 절을 세 번씩 올린 뒤 술잔을 들어 마셨다. 눈을 감은 그의 몸이 한쪽으로 쏠리더니 그 자리에 쓰러졌다. 술잔 바로 옆에는 그가 생애 마지막으로 지은 시가 바람결에 바스락댔다.

새와 짐승도 슬피 울고 강산도 찡그리네	鳥獸哀鳴海岳嚬
무궁화 나라는 이미 사라졌는가.	槿花世界已沈淪
가을 등불 아래 책 덮고 지난날 생각하니	秋燈掩卷懷千古
글 아는 사람 노릇하기 참으로 어렵구나.	難作人間識字人

1910년 8월 29일, 조선이 일본에 완전히 병합되었다. 경복궁에는 일장기가 펄럭였고, 총칼을 찬 일본 군인이 한성 곳곳에 배치되었다.

조선의 국권을 완전히 차지하려는 일본은 전국의 의병 활동을 탄압해 잠재운 다음, 순종 황제에게 한일 병합을 요구했다. 이완용, 이지용 등 친일 대신의 적극적인 협력에 따라 한일 병합이라는 일본의 목표는 순조롭게 이뤄졌다. 한일 병합에 적극 협력한 68명의 조선인 관리는 일본 귀족으로 새로 태어났고, 어마어마한 상금을 받았다.

> 한국 황제는 한국 정부에 관한 모든 통치권을 완전 또는 영구히 일본 황제에게 양여한다.

이렇게 시작하는 병합 조약문으로 이제 조선은 일본의 식민지가 되었다. '대한 제국'이란 나라 이름도 다시 '조선'으로 바뀌었다.

병합이 발표된 1910년 8월 29일, 전국 곳곳에서 유생들의 통곡이 이어졌고, 의병 활동을 주도했던 사람들은 조선의 독립을 위해 목숨 바칠 것을 다짐하며 만주로, 연해주로 떠났다.

강직한 선비로 이름 높았던 황현은 나라를 지키지 못한 자신을 탓하며 죽음을 택했다.

황현
구한말의 학자로 성균관 생원으로 지냈으며 국권을 강탈당한 울분으로 자결했다.

일장기가 내걸린 경복궁 근정전
500년 역사를 이어 온 조선의 정궁, 경복궁 근정전에는 커다란 일장기가 내걸려 조선의 국권 강탈을 상징적으로 보여 주었다.

　같은 날, 일본 도쿄에서는 집집마다 일장기가 펄럭였고, 꽃으로 장식된 전차에 올라탄 일본인들은 함께 노래를 부르며 기뻐하고 있었다. 하루아침에 주인이 바뀐 경복궁에는 근정전을 덮을 만큼 커다란 일장기가 햇빛을 받아 더욱 붉게 번득였다.
　이제 일본의 영토가 된 조선의 모든 것은 조선 총독부에서 결정했다. 일본 천황이 직접 임명한 조선 총독은 그 누구도 막을 수 없는 권력을 누렸다.
　1910년 10월 1일, 초대 총독 데라우치가 부임했고, 조선은 35년간 고통스러운 식민 통치의 암흑 같은 터널 속으로 들어갔다.

식민지 조선의 희망과 절망

일제, 조선 농민의 땅을 빼앗다

일본이 조선을 병합하고 곧 전국적인 토지 조사가 시작되었다. 조선의 땅은 주인이 누구인지 문서에 확실히 기록되어 있지 않아 다시 조사해야 한다는 것이었다. 헌병과 경찰을 앞세우고 마을 곳곳을 측량하고 다니던 총독부 관리들은 갖은 구실을 붙여 '주인 없는 땅'을 만들었다.

문서가 없거나 오래된 땅, 이제는 사라진 조선 왕실의 땅은 무조건 '주인 없는 땅'으로 기록되었다. 황무지를 개간해 농사를 짓고 있던 사람들도 땅을 빼앗겼다. 원래부터 황무지의 주인이 아니라는 이유에서였다. 보릿고개를 넘기 위해 조선인 지주나 일본인에게 돈을 빌렸던 사람들도 모두 땅을 빼앗겼다.

토지 조사 사업이 진행되면서 지주들의 땅은 점점 늘어났다. 총독부가 몰수한 땅을 지주들에게 헐값으로 넘겼기 때문이다. 조선으로 이민 오는 일본인에게도 싼값에 땅을 팔았다. 일본에서 거리의 부랑자 생활을 하던 사람들도 조선에 오면 지주가 되어 떵떵거리며 살 수 있었다. 총독부가 일본 신문에 낸 이민자 모집 광고를 보고는 수많은 일본인이 조선으로 건너왔다.

"그래도 소작 부치는 땅은 있으니까 다행이라 여겼지. 그거면 우리 여섯 식구 먹고살 수는 있으니까. 그런데 땅 주인이 소작료를 점점 올리는 거야. 나중엔 아예 수확한 쌀의 3분의 2를 내놓으라고 했어. 그 전까진

토지 조사 사업
일제는 전국 모든 토지의 소유권, 가격, 생김새를 조사하고 새로운 토지 문서를 배부하는 사업을 실시했다. 이 과정에서 신고되지 않은 수많은 농민의 토지가 일본인들에게 넘어갔다.

3분의 1 정도면 되었거든. 내가 가만있을 수가 있나? 그거 내고 나면 다음 해 농사는 어떻게 짓고, 우리 식구는 뭘로 겨울을 나냐고? 그 길로 주인집을 찾아갔지. 가서 이런 법이 어디 있냐고 따졌어. 잠시 뒤 왜놈 헌병들이 칼을 뽑아 들고 몰려왔지 뭐야. 엄청 얻어맞고 정신을 차려 보니까 경찰서더라고."

총독부는 토지 조사 사업을 시행하며 동양 척식 주식회사를 설립했다. 조선 땅을 효율적으로 관리하고 자원을 개발하겠다는 명목을 내세웠지만, 사실은 조선인에게서 빼앗은 토지를 관리하거나 일본인에게 팔아넘기는 역할을 담당했다. 굶주리던 일본의 실업자들은 조선에 건너와 헐값에 땅을 차지하고 지주로 살 수 있었다. 땅을 빌려주거나 팔아 생기는 이익금은 모두 일본으로 보내져 일본의 산업을 발전시키는 데 사용되었다.

농민들은 땅을 빼앗기고 어려운 생활을 했지만, 더 많은 땅을 갖게 된 지주들은 총독부의 보호 아래 목소리를 더욱 키워 갔다. 총독부가 만든 새로운 법에 따라 지주는 언제든지 소작인을 갈아 치울 수 있었고, 소작료도 예전보다 몇 배나 더 걷을 수 있었다. 일 년을 고생해서 농사일을 해도, 결국 수확의 대부분은 지주의 곳간에 쌓였다.

지주의 곳간에 그득한 쌀은 일본으로 수출되었다. 지주의 곳간이 가득 찰수록 일본이 지불해야 하는 쌀값은 내려갔다. 헐값에 팔려 일본으로 실려 간 조선의 쌀은 주로 일본의 공장 노동자들이 사 먹었다.

당시 일본에서는 공업을 발전시키려고 수많은 공장을 세웠다. 공장에서 일하는 노동자들은 월급을 얼마 받지 못해 쌀값이 오르면 굶기가 일쑤였다. 굶주린 노동자들은 일본 정부와 공장의 주인들을 공격하거나 불만을 터뜨리기도 했다. 노동자들의 불만을 잠재울 수 있는 것은 오직 하나, 값싼 쌀이었다. 일본은 이 쌀을 조선에서 사 오기로 했고, 헐값에 쌀을 사들이기 위해 조선에서 땅을 빼앗고 지주들의 권리를 강화시켜 준 것이었다.

일제는 조선인에게만 적용되는 법도 만들었는데, 이름하여 '조선 태형령'이었다. '태형'이란 조선 시대에 있던 형벌로 잘못을 저지른 자를 형틀에 매어 놓고 볼기를 치는 것이었는데, 이미 갑오개혁 때 없앤 형벌이었다. 일본인들 사이에서는 '조선인과 명태는 두들겨 패야 한다.'는 말이 유행할 정도였다.

동양 척식 주식회사
일제가 조선에 세운 기관. 토지 조사 사업 때 '주인 없는 땅'으로 분류된 토지를 몰수해 일본인에게 싼 값으로 나눠 주거나 농민에게 땅을 빌려주고 높은 소작료를 받았다. 일제가 조선 경제를 장악하는 데 이용되었다.

태형을 부활시키면서 총독부는 일본인들이 조선인을 폭력으로 다스릴 수 있도록 법의 내용을 고쳤다. 벌금을 부과하거나 며칠 동안 감금하면 될 것도 모두 태형으로 다스릴 수 있게 했다. 벌금 1원은 태 1대, 감금 1일도 태 1대였다. 끌려온 조선인들에게 매질을 하는 것은 경찰관과 헌병 혹은 일본인 관리들이었고, 비밀리에 행하는 것을 법으로 보장했다.

형을 집행할 때 조선인이 비명 지르는 것을 막기 위해 물에 적신 천으로 입을 막으라는 것도 법 조항에 넣었다. 매를 맞아 죽어 나가는 조선인도 많았는데, 이런 경우에는 조선인의 이름과 직업, 사망 일시를 적어 본적지 면장에게 보내면 끝이었다.

일본인 경찰들은 크고 작은 잘못을 저지르는 조선인은 물론이고, 평소 일본에 반감을 품고 항의하거나 저항 활동을 한다고 의심이 가는 조선인들을 절도 또는 강도 등의 죄목으로 끌고 갔다. 조선 태형령은 일본인 경찰들의 모든 행동을 '합법적'인 것으로 만들어 주었다.

일제 강점기 시대의 태형 기구
일제는 조선인에게만 태형을 실시해 일본에 대한 저항을 막았다. 별도의 재판이나 사건 조사 없이 언제든지 시행할 수 있었다.

"겨우 풀려나선 입 딱 다물고 농사만 지었어. 아, 그런데 몇 년 전부터는 아예 농사지을 때 왜놈들이 나와서는 종자는 이걸 뿌려라, 거름은 이렇게 줘라, 논에 모를 심을 때는 줄을 맞춰라, 이 밭에는 면화를 심어라 하면서 시시콜콜 간섭하는 거야. 그해 봄에 네모를 딱 맞춰 모내기를 안 했다고 모판을 싹 짓밟아 버리더라고. 피가 거꾸로 솟았지! 그 모를 기르자고 자식새끼들 밥도 굶겼는데. 눈이 뒤집혀 경찰을 쥐어 팼어. 꼼짝없이 잡혀 왔지. 며칠 두들겨 패고는 이곳으로 보내더군. 벌써 2년째 이 신세로구먼."

토지 조사 사업으로 농민의 땅을 빼앗은 일제는 1920년대에 들어서자 조선을 제집 곳간처럼 여겼다. 조선 총독부는 농민들을 닦달해 일본인들의 입맛에 맞는 종자를 강제로 심게 했고, 일본의 농사법을 가르쳐 벼 수확량을 늘린다며 모 심는 법부터 추수하는 법까지 모두 바꾸라고 강요했다.

또한 중국과의 전쟁을 준비하는 데 필요한 군수품을 만들기 위해 조선 농민에게 면화를 재배하게 했다. 종자와 비료 값을 대느라 조선 농민들의 허리는 더 휘었고, 익숙하지 않은 농사법으로 한 해 농사를 망치는 경우도 많았다. 조선에서 재배된 면화는 일본으로 헐값에 팔려가 군수품을 생산하는 일본 기업을 살찌웠다.

이렇게 조선에서 생산된 쌀도, 면화도, 다른 물산들도 모두 일본으로 건너가 버렸다. 농민들은 뼈 빠지게 일하고도 먹을 것이 없어 굶을 수밖에 없었다.

일본의 중심에서 독립을 외치다

조선이 일본의 손에 넘어가자 민혁의 아버지는 아들을 도쿄로 유학 보냈고, 부족함 없이 공부할 수 있도록 뒷바라지했다. 민혁은 양반 지주 집안의 자제였다. 그의 아버지는 민혁이 졸업하고 돌아와 총독부 관리가 될 것이라고 믿어 의심치 않았다. 그러나 민혁의 생각은 달랐다. 일본 학생들은 조선인 유학생을 대놓고 무시했다. '조센징'이라 부르며 손가락질했고, 식당에서는 옆에 앉는 것조차 꺼렸다. 패를 지어 집단으로 폭력을 휘두른 적도 많았다. 민혁은 자신이 아무리 일본인인 척해 봤자, 어쩔 수 없이 조선 사람일 수밖에 없음을 깨달았다.

제1차 세계 대전이 끝나자, 미국과 러시아에서 강대국의 식민지였던 나라들의 독립을 보장해야 한다는 주장이 나왔다. 소식을 접한 조선의 민족 지도자들은 흥분했다. 세계 최강의 국가인 미국이 조선의 독립을 도우려 한다고 믿었기 때문이다. 천도교의 손병희, 불교의 한용운을 비롯한 종교계 지도자들과 최남선, 이승훈 등 민족 지도자들은 비밀리에 대규모 시위를 준비했다.

시위 준비 소식을 들은 일본 유학생들은 그보다 앞서 자신들이 독립을 선언하기로 했다. 그것이 일제하에서 고통받는 민족에게 힘을 주는 길이라 믿었기 때문이다. 1919년 2월 8일, 도쿄 시내에서 유학생들이 한자리에 모여 독립 선언식을 가졌다.

> …… 일본이 만일 우리 민족의 정당한 요구에 응하지 않는다면, 우리는 일본에 대해 영원한 피의 결전을 선언할 것이다. …… 이제 우리 민족은 우리의 생존을 위해 자유의 행동을 취해 독립을 이룩할 것을 선언하노라.

그들은 한데 모여 미리 작성한 〈독립 선언서〉를 읽었고, 구호를 외쳤다.
"일본은 조선에 민족 자결의 권리를 부여하라!"
"조선 민족의 자유를 보장하라!"

일본의 심장이라 할 수 있는 도쿄에서 벌어지리라고는 아무도 상상할 수 없었던 장면이었다. 식민지에서 유학 온 학생들이 독립을 선언하다니! 일본 경찰들이 달려왔다. 총과 몽둥이로 위협해 학생들을 모두 끌어갔다. 학생들은 모두 구치소에서 밤을 지새우며 조사를 받았다. 몇몇 학생은 구속되었으며, 나머지는 며칠 동안 구치소에서 보냈다. 민혁은 다행히 가벼운 처벌을 받고 풀려났다.

그는 곧바로 귀국해 3·1 운동을 준비했다. 전국의 학생 조직을 중심으로 언제, 어디서 만세 시위를 시작할 것인지에 대한 계획이 비밀리에 전달되어 있었다. 민혁은 학생들의 하숙방에서 몰래 인쇄해 둔 독립 선언문과 학생들이 손수 그린 태극기를 크고 작은 단체에 전달하는 일을 맡았다. 한밤중에 위험을 무릅쓰고 해야 하는 일이었지만, 민족의 큰 힘을 모으는 일이라 생각하며 최선을 다했다.

1 나라를 빼앗기고 흩어진 사람들 • 43

민족을 하나로 묶어 준 3·1 운동

시위가 계획된 1919년 3월 1일은 고종의 장례식 이틀 전이었다. 강제 퇴위당한 뒤 경운궁에 머무르던 고종이 일본인에게 독살당했다는 소문이 퍼지자 전국에서 사람들이 몰려왔다. 기차를 타고 올라오거나 형편이 되지 않는 사람은 걸어서 올라오기도 했다. 한성 거리는 흰 상복을 입은 사람들로 넘쳐 났고, 경운궁의 대한문 앞은 고종의 마지막 가는 길에 분향을 하고 절을 올리려는 사람들로 가득했다.

 2월 28일, 모든 준비를 마친 민족 지도자들이 한자리에 모였다. 기독교의 이승훈, 천도교의 손병희, 불교의 한용운을 중심으로 모인 33인이 〈독립 선언서〉 3만 5000부를 복사해 이미 전국에 전달한 뒤였다. 전국의 학생 조직과 종교 조직을 이용해 비밀리에 전국에 알려 둔 상태였다. 3월 1일에는 파고다 공원에서 〈독립 선언서〉를 읽기로 되어 있었다.

〈3·1 독립 선언서〉
1919년 3·1 운동 때 한국의 독립을 세계만방에 알린 글이다. 최남선이 초안을 쓰고, 민족 대표 33인이 서명해 그해 3월 1일 2시에 서울 태화관에서 발표했다.

손병희가 말했다.

"오늘 한성 거리에 나가 보셨습니까? 거리에 너무 많은 사람이 모여 있소. 우리가 파고다 공원에서 선언서를 읽었다가는 흥분한 군중이 폭동을 일으킬 가능성이 있소. 총독부는 그들을 가만두지 않을 것이오. 수많은 사람이 죽고 다칠 수 있으니 종로의 태화관에 모여 일을 진행합시다."

독립 선언의 장소가 급히 바뀌었다.

드디어 3월 1일이 왔다. 오랫동안 숨죽이며 만세 시위를 준비했던 사람들은 기대와 불안으로 가슴이 뛰었다. 파고다 공원에는 수많은 학생이 모여 33명의 민족 지도자를 기다리고 있었다. 이들은 대부분 오전 수업만 마치고 동료들과 학교를 빠져나왔거나 아예 학교를 결석하고 시위에 참여하기 위해 아침부터 기다리고 있었다. 고종의 장례식을 보러 전국에서 온 상복 차림의 사람들도 공원에 모여들고 있었다. 파고다 공원뿐 아

태극기 목각판
3·1 운동에 사용할 태극기를 대량으로 찍어 내기 위해 만들었다.

니라 한성 거리도 사람들로 꽉 찼다.

 하지만 공원에 모인 사람들의 기대와는 달리 민족 지도자들은 태화관으로 모였다. 그러고는 〈독립 선언서〉를 낭독했다.

> 우리는 조선이 독립국임을, 조선 민족이 자주민임을 선언하노라.……
> 이로써 세계만방에 알려 인류 평등의 대의를 분명하게 하며, 자손들이 대대로 민족의 존귀한 나라를 영원히 갖게 하노라.……

 태화관에서 〈독립 선언서〉 낭독을 마친 민족 지도자들은 비폭력의 가치를 지키기 위해 저항하지 않고 경찰에게 끌려가 투옥되었다.
 독립 선언의 장소가 바뀌었다는 걸 알지 못한 파고다 공원의 학생들은 예정 시간인 오후 2시가 지나자 초조하게 민족 지도자들을 기다렸다. 그때 누군가가 소리쳤다.

"태화관에서 독립 선언이 있었답니다! 조선은 이제 독립국입니다!"

사람들이 웅성거리기 시작했다. 계획이 바뀌었다는 소식을 들은 학생들이 우왕좌왕할 틈도 없이, 누군가가 파고다 공원의 팔각정으로 뛰어올라 우렁찬 목소리로 〈독립 선언서〉를 읽기 시작했다. 경신 학교 졸업생 정재용이었다. 선언서 낭독과 함께 미리 제작해 둔 태극기와 선언서가 사람들에게 전해졌다. 선언서를 따라 읽는 사람들의 눈에서 감격의 눈물이 솟구쳤다. 학생들의 선창으로 만세를 외치기 시작했다.

"대한 독립 만세!"

"자주 독립 만세!"

수천 명의 사람이 열을 지어 공원을 빠져나가고 있었다. 손에 태극기를 든 이들은 목이 터져라 독립 만세를 외쳤다. 거리에 서 있던 사람들도 행렬에 참여하니 군중의 거대한 물줄기가 거리를 따라 흘렀다.

예상치 못한 일이 터지자 경찰과 군대가 동원되어 사람들에게 몽둥이 세례를 퍼붓고 나중에는 총까지 발사했지만, 사람들의 만세 소리는 그치지 않았다. 한성에서 〈독립 선언서〉가 낭독되던 날, 전국의 시가지에서도 선언서가 낭독되었고, 학생들이 앞장선 만세 시위가 펼쳐졌다. 밭을 갈다 나온 농민도, 장터에서 물건을 팔던 상인도, 바구니를 이고 장터에 나왔던 아낙도 태극기를 들고 만세를 외쳤다.

이로부터 두 달 동안 전국에서 만세 시위가 끊이지

유관순
3·1 운동 당시 이화 학당 학생이던 유관순은 이후 만세 시위를 주도하다 체포되었으며 서대문 형무소에서 모진 고문을 받다 숨졌다.

않고 일어났다. 시위가 일어나지 않은 지역을 찾아볼 수가 없을 정도였다. 극장에서 영화를 보던 관객들, 공장에서 작업하던 노동자들도 조국의 독립을 목 놓아 외쳤다. 학생들은 수업을 받다가도, 조회를 서다가도 누군가의 선창으로 만세 시위를 펼쳤다. 본래 중등학교 학생 이상부터 참가하기로 했지만, 오늘날의 초등학교인 보통학교 학생들도 열을 지어 만세 시위에 동참했다. 경찰이 총까지 쏘며 진압하려 했지만, 사람들의 용감한 의지를 꺾을 수는 없었다.

경찰로부터 학생들을 지키려는 교사들은 시위 참여를 말리며 학생들이 학교에서 나가는 것을 허락하지 않았지만, 학생들은 교사들 앞에서 무릎을 꿇고 눈물로 호소했다. 끝내 허락하지 않는 학교에서는 학생들이 교표(학교를 상징하는 휘장)를 떼어 한데 모아 놓고 시위에 나가기도 했다.

만세 시위는 모든 사람을 하나로 묶어 주었다. 조국의 독립을 위한 일에는 신분도, 남녀도, 빈부도 아무런 문제가 되지 않았다.

서대문 형무소
근대 시설을 갖춘 한국 최초의 감옥으로 1908년에 완공되었다. 해방을 맞기까지 수많은 애국지사가 이곳에 투옥되어 고문을 당하거나 처형되었다.

만세의 불꽃을 짓밟은 잔인한 탄압

당황한 총독부는 더욱 강경하게 시위자들을 처벌하기 시작했다. 경찰과 군대를 동원해 시위에 참여했던 사람을 모두 잡아들였다. 학생은 물론 부녀자와 어린아이까지도 잡아들였다. 이들은 참여 정도에 따라 분류되어 처벌을 받았다. 이때 투옥된 사람이 4만 6000여 명이었고, 무차별 총격과 학살로 죽거나 다친 사람은 2만 3000여 명이나 되었다.

독립 만세의 불길은 서서히 잦아들었다. 그러나 일제의 폭력은 잦아들지 않고 더욱 거세어졌다. 일제는 만세 시위가 활발했던 마을을 습격해 마을 사람 전체를 죽이고 집과 재산을 모두 불태우는 끔찍한 일도 저질렀다.

경기도 수원의 제암리는 독실한 기독교 신자가 많기로 소문난 곳이었다. 만세 시위도 다른 고을 못지않게 오래 지속되었다. 만세 시위가 잦아든 4월 어느 날, 경찰과 군인들이 들이닥쳤다. 마을 구석구석을 샅샅이 뒤지고 다니던 군인들은 마을 사람 중 15세가 넘은 남자들을 마을 중앙의 교회당 안으로 모았다. '만세 운동 진압 과정에서 저지른 지나친 행동을 사과하러 왔다.'는 것이 구실이었다. 사과를 받기 위해 한데 모이라는 명령을 곧이곧대로 믿을 사람은 아무도 없었다. 교회 안에 모인 서른 명 남짓의 사람들은 두려움을 이기려는 듯 서로를 위로했다.

그때 교회당의 문이 철컥 소리를 내며 닫혔다. 사람들의 얼굴에 공포의 그림자가 드리워졌다.

폐허가 된 제암리 교회
1919년 4월 15일에 일본군은 경기도 수원 제암리 교회당에 주민들을 모아 놓고 학살했다. 만행의 증거를 없애기 위해 교회당에 불까지 질렀다. 파괴된 교회의 모습이다.

"조준! 발사!"

명령이 떨어지기 무섭게 교회당 안으로 총알이 빗발쳤다. 어느 쪽이랄 것도 없이 사방에서 쏟아져 들어왔다. 두려움에 떨던 사람들은 외마디 비명을 지르며 쓰러졌다. 산 자와 죽은 자가 한데 뒤엉켜 아수라장이 된 교회당 바닥은 금세 피로 흥건해졌다. 피가 흐르는 교회 안에는 곧 정적이 흘렀다.

"불 붙여!"

지시에 따라 군인들은 석유를 붓고 교회당에 불을 질렀다. 불은 마을 아래쪽의 민가에도 옮겨 붙었다. 밖으로 나간 남편이 걱정돼 집 밖에

나온 아낙들도 총탄을 맞아 쓰러졌다. 놀란 아이들의 울음소리는 찢어질 듯했고, 소동에 놀라 뛰쳐나온 사람들은 군인들의 총칼에 밀려 뒷걸음질을 쳤다.

불이 옮겨 붙은 마을은 삽시간에 불바다가 되었다. 마을은 하루아침에 흔적도 없이 사라졌고, 집과 가족을 잃은 사람들은 땅바닥에 주저앉아 허망한 통곡을 터뜨렸다.

"상황 끝! 고주리로 이동한다!"

군인들은 어느새 대열을 짓더니 이웃 마을인 고주리를 향해 행군하기 시작했다. 군인들은 총독부와 일본에 저항하면 어떻게 되는지를 똑똑히 보라는 듯, 마을을 순례하며 죽음의 행진을 계속했다.

차별과 멸시에 시달린 조선인 노동자들

1920년대가 되자 일본의 기업가들은 너도나도 조선에 왔다. 공업이 발달하자 노동자들의 월급도 오르고 원료도 비싸져서 일본에서 사업을 하기가 점점 더 힘들어졌기 때문이다. 총독부도 여러 가지 편의를 제공하며 조선으로 일본인 기업가들을 끌어들였다.

그들에게 조선은 천국이었다. 조선에는 땅을 잃고 도시에 나와 날품팔이하는 사람이 널려 있었는데, 이들은 일본인이 받는 월급의 반만 주어도 기꺼이 와서 일했다. 게다가 일본인에게 협력하려는 조선인 지주들이 돈을 싸들고 공장 앞에 줄을 섰다. 이들은 이자도 받지 않고 돈을 빌려주었다.

언제라도 내쫓길 수 있는 조선인 노동자들은 아주 힘든 조건에서 일을 해야 했다. 창문 하나 없는 공장은 언제나 매캐한 먼지로 가득 차 있었고, 기계에는 안전장치가 없어 손가락이 잘리거나 부상을 당하는 사람이 많았다. 하루에 12시간 일하는 것은 기본인 데다가, 한 달에 하루만 휴일을 쓸 수 있었다.

결혼한 조선인 여성은 노동자 중에서도 가장 싼 임금을 받았다. 이들은 월급도 다른 조선인들의 반만 받을 수 있었다. 하지만 조선인 여성 노동자들은 이렇게 열악한 환경의 일자리라도 지키기 위해 젖먹이 어린애까지 공장에 데려와 소음과 먼지 속에서 젖을 물리곤 했다.

월급이 적은 것보다 조선인들을 더 괴롭히는 것이 있었다. 바로 일본인 노동자와의 차별이었다. 조선인들은 생산품이 적거나 불량품이 몇 개 섞여 있으면 그 대가로 벌금을 내야 해서 빠듯한 월급을 축내는 일이 흔했다. 일본인에게는 당연히 제공되는 점심도 조선인들은 제 돈을 내고 사 먹어야 했다. 일본인 공장 감독이 조선인 여성 노동자를 희롱하거나 괴롭히는 일도 많았다.

일본 기업이 조선인을 차별하고 학대하는 일은 점점 심해졌다. 일본인의 절반에도 미치지 못하는 월급조차 틈만 나면 깎으려고 했다. 스스로의 권리를 지키기 위해 조선인 노동자들은 뭉치기 시작했고, 여러 공장에서 노동자들이 기계를 멈추고 단식을 하며 월급 인상과 대우 개선을 요구했다. 파업은 전국적으로 줄기차게 이어졌다.

친일, 굴욕과 배신의 길

조선인을 둘로 가른 민족 분열 정책

3·1 운동을 겪은 뒤 더욱 강해진 민족의 독립 의지를 꺾기 위해 총독부는 통치 정책을 바꿨다. 이전까지 총독부는 무조건 조선인의 자유와 단결을 억압하고 금지하는 정책을 펼쳐 왔다. 집회와 시위, 신문 발간, 민족 단체 결성이 모두 금지되었고 저항하는 조선인은 언제라도 처벌할 수 있었다. 그러나 3·1 운동 이후 총독부는 이런 억압적인 통치 정책이 오히려 조선인의 반발심과 저항을 키웠다고 판단했다.

총독부가 새로 도입한 정책은 조선인의 다양한 자유를 허용하되 감시는 더욱 철저히 하는 것이었다. 집회, 신문 발행, 단체 결성, 교육 등이 모두 허용되었다. 그러나 집회 내용을 미리 총독부에 신고해 허가를 받아야 했고, 신문은 발간 전에 모두 검열을 받아 일본을 조금이라도 비판한 기사는 삭제되었다. 단체를 만들 때도 단체의 주장과 활동을 자세히 써서 제출해야 했고, 결성 후에도 시도 때도 없이 활동과 내용을 보고하고

일진회

1904년에 결성된 일진회의 목표는 일본이 조선을 병합하는 데 도움을 주는 것이었다. 일진회 대표 이용구와 송병준은 을사조약이 체결될 즈음에 '일본에게 외교권을 주면 앞으로 많은 복을 누릴 수 있다.'는 글을 발표했고, 일본의 행사에는 빠지지 않고 참석해 일본의 조선 병합을 열렬히 지지했다.

고종 황제가 을사조약의 부당함을 알리기 위해 헤이그에 특사를 파견한 일이 발각되자 송병준은 아예 칼을 차고 궁에 들어가 '일본 천황에게 씻을 수 없는 죄를 지었으니 직접 일본으로 가서 사과하라.'고 요구했다.

이토 히로부미가 안중근에게 사살되고 나서는 더욱 본격적인 작업에 나서 아예 순종을 찾아가 국권을 일본에 넘기라고 강요하며 칼을 뽑아 들고 위협하기도 했다. 일진회는 조선이 일본에 병합되자 '맡은 바 임무를 다했다.'며 스스로 해산했다. 일진회 회원들은 일본으로부터 막대한 사례금과 땅을 받고 일본 귀족의 신분에 올랐다.

무장한 일진회 회원들과 일본인들

이용구(오른쪽)와 일진회

늘 경찰의 감시를 받아야 했다. 겉으로 보면 조선인의 활동이 다양하고 활발해졌지만, 사실은 모두 총독부의 감시와 허가를 받은 뒤에야 가능한 것이었다.

총독부는 친일파를 육성하는 일에 더욱더 신경을 썼다. 우선 일본에 적극적으로 협력하려는 조선인에게 많은 특혜와 관직을 주어 윤택한 생활을 누릴 수 있게 해 주었다. 이들은 일본에 감사해 하며 조선인의 활동을 감시하는 데 앞장섰다. 조선인들이 서로를 감시하고 미워하게 만들어 민족의 단결을 막는 '민족 분열 정책'을 쓴 것이다.

특히 재산이 많은 지주와 사업가들은 일본에 전투기나 탱크, 무기를 헌납해 환심을 샀고, 이름도 일본식으로 바꾸고 일본식 저택에서 일본 옷을 입으며 살아갔다. 스스로를 일본인으로 바꾸려고 노력했다. 이들이 헌납한 무기는 일본이 중국을 상대로 전쟁을 벌이거나 간도와 만주 지방의 독립군들을 토벌하는 데 쓰였다.

당시 전투기 한 대 값은 10만 원 정도였다. 교사 월급이 60원, 쌀 한 가마니 값이 20원이던 시절이었으니 보통 사람들은 상상도 못할 돈이었다. 하지만 신문사나 방직 공장, 지방의 지주들은 적게는 1000~2000원에서 많게는 40만 원까지 재산을 털어 전투기를 사서 헌납했다.

일본이 점차 전쟁을 확대해 나가자 총독부는 더 적극적으로 조선의 부자들에게 전투기 헌납을 권유했다. 육군 전투기를 '애국기', 해군 전투기를 '보국기'라 부르며 남녀노소를 가리지 않고 전투기 헌납을 위한 모금 운동에 동참할 것을 강요하기도 했다.

초등학교에서는 학생들에게 전투기의 중요성을 알리기 위한 모형

항공기 대회가 열렸고, 지방 유지들은 크고 작은 행사를 열어 모금 운동을 벌였다. 지주들의 뭉칫돈부터 아이들의 코 묻은 저금통까지 전투기 마련을 위해 모였다. 이렇게 마련된 전투기에는 헌납한 사람의 이름이나 모금에 참여한 지방의 이름을 적어 주었다. '문명기호', '진주호', '경기시흥호'처럼 말이다.

일본은 조선의 재산 있고 힘 있는 자들을 끌어들이기 위해 백방으로 노력했다. 불교, 기독교, 천도교 등 종교계의 지도자들을 후원했고, 인재를 끌어모아 고급 교육을 시켜 준다며 일본으로 유학을 보내 주었다. 권위 있는 지방 양반 유생들에게는 직업을 마련해 주며 마을 사람들을 설득하게 했고, 대지주나 기업의 사장에게도 특혜를 주었다. 민족을 배신하며 친일파가 되려고 해도 일단은 재산과 권력이 있어야 했다.

문화재를 찾아서

빼앗긴 땅, 파괴된 500년 도읍

창경원에 벚꽃이 한창이었다. 벚꽃 놀이를 좋아하는 일본인들은 벌써 좋은 자리를 잡고 벚꽃 아래서 술판을 벌이거나 노래를 부르고 춤을 추었다. 오랜만에 경성 나들이에 나선 조선인들은 아이들의 손을 잡고 창경원의 자랑인 식물원과 동물원을 오가고 있었다.

재미있는 볼거리라고는 없던 때에 살아 있는 호랑이와 사자를 볼 수 있는 창경원은 모든 아이의 꿈이었다. 그러나 중간 시험을 마치고 바람을 쐬러 들른 중앙고보 학생들에게 창경원은 조선의 운명을 보여 주는 슬픈 증거였다.

"여기가 일본이냐 조선이냐. 벚꽃에 파묻힌 조선 궁궐을 보니 마음이 씁쓸하다."

"저기 어머니 손 잡고 가는 저 아이는 이곳이 조선 궁궐이라는 것도 모를걸?"

"글쎄 말이다. 얼마 전까지 조선의 왕이 살던 곳이라는 흔적은 찾아볼 수가 없으니 말이야. 백관이 모여 정치를 논하던 곳에 호랑이 똥, 얼룩말 똥 냄새라니."

벚꽃이 핀 창경원

"저 벗나무 싹 뽑아 버리면 속이 시원하려나?"

1925년에 경복궁의 건물 60여 채를 허물고 세운 조선 총독부는 북한산의 정기를 받아 세운 경복궁을 완전히 가리는 4층짜리 르네상스식 건물이었다. 하늘에서 보면 한자로 날 일(日) 자 모양이었기 때문에 하늘에서 보면 본(本) 자 형태인 경성부청 건물과 함께 일본을 상징했다.

서울을 감싸고 있던 성곽은 총독부가 필요한 도로를 낼 때마다 뭉텅뭉텅 허물어져 문만 덩그러니 남았고, 남산에 조선 신궁을 지을 때는 성곽을 허물어 그 돌을 축대로 사용하기도 했다.

해방 후 70년, 조선의 영광을 지우려는 일제의 파괴 행위는 더 이상 없지만 지금의 서울 또한 조선의 한양과 너무도 다른 모습으로 변해 가고 있다.

조선 총독부 건물

1920년
- **1919년** 3·1 운동 발발, 대한민국 임시 정부 수립
- **1920년** 청산리 대첩, 간도 참변
- **1922년** 어린이날 제정

1925년
- **1923년** 물산 장려 운동, 암태도 소작 쟁의
- **1926년** 6·10 만세 운동
- **1927년** 신간회 조직

2

목숨 건 투쟁 속에 움트는 희망

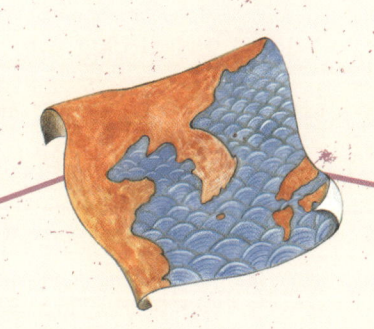

1930년
1929년 원산 총파업, 광주 학생 항일 운동
1931년 일본, 만주 공격
1932년 이봉창과 윤봉길 의거

만리타향에서 조국을 위해 싸우다

신민회, 독립운동의 씨를 뿌리다

조선을 강제 병합한 일제는 헌병과 경찰, 군인을 동원한 잔인한 통치로 조선 사람들을 탄압하기 시작했다. 두세 명만 모여도 경찰의 감시를 받았고, 총독부에 대해 불평만 해도 잡혀가 고문을 받았다. 거리와 마을 곳곳에는 경찰과 헌병이 순찰을 돌고 있어 집 밖에 나오는 것조차 자유롭지 못했다. 이런 상황에서 조선의 독립을 꿈꾼다는 것은 불가능해 보였다.

그러나 삼엄한 감시를 피해 밤마다 비밀리에 연락을 주고받는 사람들이 있었다. 안창호가 앞장서 만든 비밀 결사, 신민회였다. 독립 협회에서 활동했던 사람들을 중심으로 결성된 신민회는 안창호를 비롯해 윤치호, 장지연, 신채호, 박은식, 이동휘가 주도적인 역할을 맡았다.

이들은 나라를 되찾기 위해서는 조선의 실력을 길러야 한다고 생각했다. 그리고 실력을 기르기 위해서는 조선 사람 스스로가 새로워져야 한다고 생각해 '신민(新民)'이라는 이름을 붙였다. 비밀리에 소식을 전해 듣고

안창호와 대성 학교
신문물 도입을 위해 미국으로 건너갔던 안창호는 을사조약 후 귀국해 신민회를 조직하고 애국 계몽 운동을 벌였다. 안창호가 평양에 세운 대성 학교와 학생들의 모습이다.

회원으로 가입한 사람이 전국적으로 800명가량이었다.

　신민회는 일본으로부터 조선을 되찾고 새로운 나라를 건설하는 것을 목표로 했다. 그 나라란 다름 아닌 공화정을 실시하는 나라였다. 국민들이 주인이 되어 대표를 뽑고, 대표들은 국민의 뜻에 따라 정책을 실현하는 나라를 꿈꿨던 것이다.

　신민회는 학교 교육을 매우 중요하게 생각해서 각지에 민족 학교를 세우고 학생들에게 독립과 자주 의식을 길러 주었다. 신민회가 힘을 기울인 일 중에는 간도와 만주, 연해주에 조선인들이 모여 사는 마을을 건설하는 것도 있었다. 고향 땅을 잃고 떠돌이가 되거나 일제에 반대해 국경을 넘는 조선인들이 서로 의지하며 살아가는 마을이었다. 훗날 이 마을은 빼앗긴 나라를 되찾는 데 큰 힘이 되어 주었다.

신민회는 《대한매일신보》를 기관지로 이용했다. 양기탁과 함께 《대한매일신보》를 창간한 베델은 영국인이라는 신분을 이용해 일본의 침략 행위를 정면으로 비판하면서 신민회의 활동을 돕고 있었다.

신민회는 학교 설립과 조선인 이주민들의 정착촌 건설뿐 아니라, 농업을 발전시키고 기술을 개발하는 등 다양한 활동을 펼쳤다. 그러나 일본이 조선을 병합한 뒤로는 활동이 어려워졌고, 안창호, 이동휘, 신채호 등 신민회의 대표 인사들이 미국과 러시아로 망명하자 탄압이 더욱 거세어졌다. 결국 일본은 신민회를 일망타진하기 위해 1911년, 거짓으로 사건을 꾸며 냈다.

"안명근 사건을 제대로 이용하면 좋을 듯합니다. 어떻게 생각하시오?"

총독의 집무실에서 열린 비밀 회의에서 음모가 진행되고 있었다.

"이번 기회에 신민회 일당을 싹 쓸어버릴 수 있습니다. 신민회가 안명근을 배후 조종했다고 발표하고 모두 잡아들이는 거지요."

"좋소. 구체적인 계획을 문서로 보고하시오."

총독부는 안명근이 총독을 암살하려다가 실패한 사건에 신민회가 개입했다고 발표했다. 그리고 전국에서 신민회 회원 600여 명을 잡아들였다. 일제는 잠 재우지 않기, 두들겨 패기, 물속에 강제로 얼굴 집어 넣기 등 잔인한 고문을 하며 이들에게 자백을 강요했다.

결국 양기탁, 윤치호, 이승훈을 비롯한 105명이 재판을 받았으며, 이로써 신민회는 사라지고 말았다. 하지만 신민회가 세운 학교는 일제의 탄압에 저항하려는 학생들을 길렀고, 간도와 연해주, 만주에서도 조선인들이 새로운 투쟁을 준비하고 있었다.

《대한매일신보》와 베델

베델은 영국 신문의 특파원으로 1904년 러·일 전쟁을 취재하기 위해 처음 조선에 왔다. 일본의 제국주의 정책에 분노를 느낀 베델은 양기탁과 함께 《대한매일신보》를 창간했다. 일제는 조선의 모든 신문을 사전에 검열하고 일본에 불리한 기사를 모두 삭제하고 있었지만, 동맹 관계를 맺은 영국의 국민인 베델에게까지 검열을 요구할 수는 없었다.

박은식, 신채호 등 민족 운동가가 적극적으로 참여한 《대한매일신보》는 을사조약이 무효임을 선언했고, 일제의 침략 정책을 폭로하고 비판했다.

일본은 베델을 추방하기 위해 여러 차례 그를 고발했고, 결국 베델은 《대한매일신보》가 앞장섰던 국채 보상 운동의 모금액을 횡령했다는 혐의로 감옥에 갇혔다. 이후 감옥에서 풀려나 조선으로 돌아온 베델은 1년도 안 되어 심장병으로 숨진다. 조선을 사랑했던 외국인 베델은 양화진 외국인 묘지에 잠들어 있다.

베델

《대한매일신보》

양기탁

《대한매일신보》 편집부원들

독립운동을 이끌 3개의 임시 정부

일제의 거센 탄압에도 나라를 되찾으려는 노력은 끊이지 않았다. 고종의 밀명을 받고 조직된 대한 독립 의군부도 있었고, 모든 국민이 나라의 주인인 새 나라를 건설하자고 주장한 대한 광복회도 있었다. 사람들은 장롱 깊숙이 숨겨 둔 태극기를 이불 속에서 펼쳐 보며 독립이 머지않았음을 새기고 또 새겼다.

이런 독립의 염원이 한꺼번에 폭발한 것이 바로 3·1 운동이었다. 전국을 휩쓴 만세의 물결은 조선 사람들에게 새로운 희망을 주었고, 불가능할 것처럼 보이던 독립이 코앞에 온 듯했다.

독립운동을 주도하던 민족 운동가들의 발걸음도 바빠졌다. 일본군의 총칼 앞에서도 두려움 없이 만세를 외치며 행진하는 조선 사람들의 모습은 이들에게 큰 힘을 주었다. 민족 운동가들은 사람들의 염원과 열기를 하나로 묶어 낼 정부가 필요하다는 데 의견을 모았다.

러시아 블라디보스토크에 망명해 독립군을 창설하고 이들을 훈련시키고 있던 이상설과 이동휘는 이미 1914년에 '대한 광복군 정부'라는 임시 정부를 수립했다. 대한 광복군 정부는 러시아와 만주 지역에 흩어져 있던 독립군들을 하나로 조직해 체계적으로 훈련시켰다. 또한 조선에서 이주한 사람들이 마을을 이루며 생업에 종사할 수 있도록 도왔다. 그러나 제1차 세계 대전이 일어난 뒤 러시아 정부의 감시가 심해지면서 정부 활동에 어려움을 겪었다. 그러다가 3·1 운동이 일어나자 국내와 국외의 독립운동가들과 함께 힘을 합쳐 새로운 정부를 구성할 것을 계획했다.

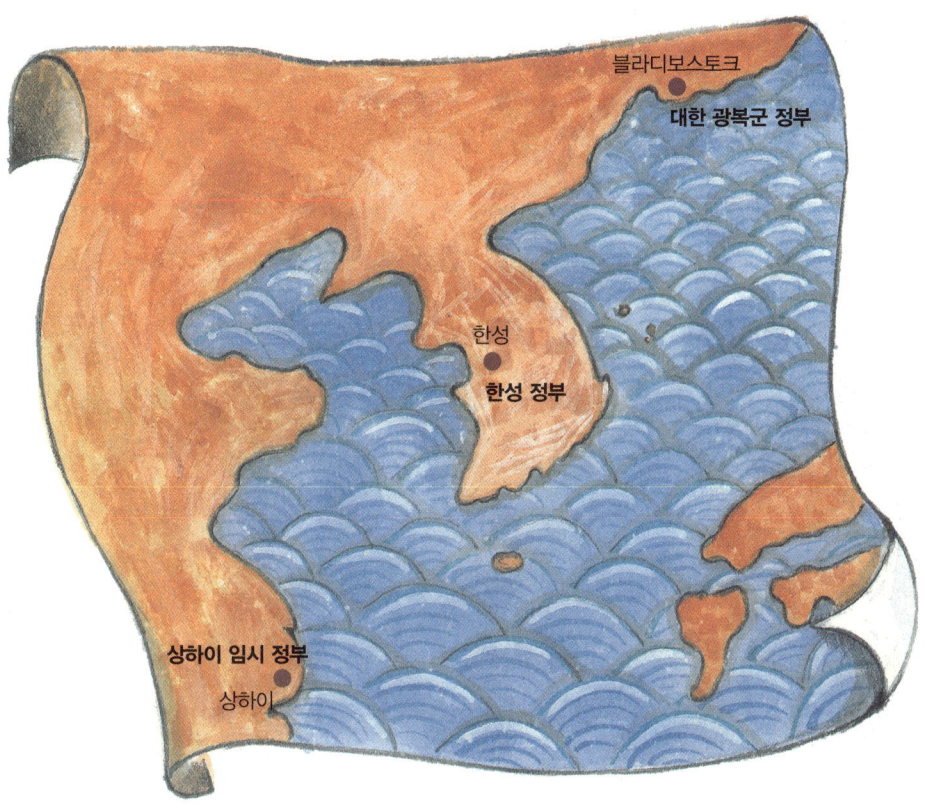

간도, 만주, 러시아, 미국에 흩어져 있던 독립운동가들은 발 빠르게 움직였다. 전신을 이용하거나 직접 다녀오는 방법으로 소식을 주고받았고, 임시 헌법을 작성하고 의회도 구성했다. 민주주의 국가를 지향한 만큼, 전국 13개 도의 대표가 모여 중요 사항을 결정하는 것을 원칙으로 했다.

1919년 4월 23일, 전국에서 모인 24명의 대표가 비밀리에 국민 회의를 열고 임시 정부 선포문을 발표했다.

> 3·1 민주 혁명을 바탕으로 국민 대회를 조직하고, 국민 대회는 국민의 뜻에 따라 임시 정부를 조직하고 법을 제정했으므로, 이를 선포한다.

이렇게 한성 정부가 세워졌다. 집정관 총재에는 이승만이 선출되었고, 이동휘가 국무총리를 맡았다.

이보다 열흘 정도 앞서서는 중국 상하이에 임시 정부가 만들어졌다. 상하이 임시 정부는 임시 의정원을 열어 국무총리에 이승만, 내무 총장에 안창호를 선출하고, 임시 헌장을 만들어 발표했다.

이제 조선은 새로운 정부를 3개나 갖게 되었다. 대한 광복군 정부는 무장 투쟁을 가장 중시했고, 상하이 임시 정부는 서양 각국에 대한 외교 활동을 중심 사업으로 정했다. 한성 정부는 국내에 있다는 점에서 의미가 컸지만, 사실 일제의 감시 때문에 활발한 활동을 펼칠 수는 없었다.

세 정부에서 각료를 맡은 사람들도 대부분 같은 사람이었다. 이승만, 이동휘, 안창호 등이 중심 인물이었다. 민족의 역량을 하나로 모으기 위해서는 하나의 정부로 통합되어야 한다는 의견이 나왔다. 통합을 위한 논의가 시작되었다.

민족 운동의 구심, 상하이 대한민국 임시 정부

아편 전쟁이 끝나고 개방된 중국 상하이에는 서양 여러 나라의 조계지가 만들어졌다. 조계지란 외국인이 자유롭게 거주하면서 무역과 통상을 할 수 있게 허용한 지역을 말한다. 이곳에서는 중국의 법에 따르지 않아도 되었을 뿐 아니라 정치·문화·경제 등 모든 제도를 자체적으로 운영할 수도 있었다.

특히 인권과 자유를 중시한 프랑스 조계지는 조선의 독립운동가들이 일본의 감시를 받지 않으며 살아갈 수 있는 유일한 곳이었다. 그들은 이곳에 둥지를 틀고 일제에 반대하는 활동을 펼쳐 나갈 수 있었다.

3·1 운동으로 조선 민중의 독립 열기를 확인한 독립운동가들은 여러 차례 논의를 거쳐 한성 정부와 대한 광복군 정부를 상하이 임시 정부에 통합하기로 했다. 제1차 세계 대전 후 미국은 약소국의 독립을 도와야 한다고 발표했고, 미국에 살던 독립운동가들을 중심으로 서양 각국과의 다양한 외교 활동을 통해 조선의 독립을 얻어 내자는 계획이 힘을 얻고 있었다. 상하이는 각국의 공사관들과 조계지가 모여 있어 외교 활동을 하기에 적절한 곳이었다.

상하이 임시 정부는 오래전부터 미국에 살면서 서양 인사들과 친분을 쌓아 온 이승만을 대통령으로, 러시아 블라디보스토크에서 독립 투쟁을 펼치던 이동휘를 국무총리로 기용했다.

"자, 동지들. 이것이 임시 정부 선언문의 초안이오. 다시 읽어 보며 확인해 주시오."

임시 정부 선언문을 앞에 두고 안창호, 이승만, 이시영, 김규식 등이 둘러앉아 있었다.

"우리의 공식 국호 '대한민국'을 보니 눈물이 날 것 같습니다."

임시 정부에서 내무 총장직을 맡은 안창호가 감격에 겨운 듯 떨리는 목소리로 말했다.

"대한이란 우리가 10년 전에 일본에 빼앗긴 대한 제국을 되찾는다는 의미요, 민국이란 모든 국민이 주인이 되는 나라, 평등한 국민의 나라라는 의미입니다. 말 그대로 우리나라가 세계에서 가장 평화롭고 자유로운

상하이 임시 정부 청사
비교적 활동이 자유로웠던 중국 상하이의 프랑스 조계지에 있었다. 국내는 물론 국외의 민족 운동가들이 오랜 논의를 거쳐 3·1 운동 직후에 대한민국의 건국을 공식 선언했다.

나라가 되어야겠지요."

외무 총장 김규식이 힘주어 말했다.

"그게 바로 우리가 지향하는 공화국의 모습이 아니겠습니까? 국민이 대표를 뽑고 그 대표가 국민의 뜻에 따라 정치를 하는, 진정한 민주주의 국가 말입니다."

법무 총장 이시영의 말은 아주 단호했다.

"이제 시작일 뿐입니다. 임시 정부를 세우고 우리의 뜻을 지키는 일이 그리 쉽지만은 않을 겁니다. 점점 광폭해지는 일제의 탄압을 견디는 것이 우리가 가장 먼저 해야 할 일입니다."

러시아 블라디보스토크에서 온갖 어려움을 이기며 투쟁을 해 왔던 이동휘 장군이 말했다. 그는 외교만 가지고는 독립을 이룰 수 없다고 생각했다. 스스로를 지킬 수 있는 군사력을 길러 일제의 탄압에 맞서 싸우는 것이 임시 정부가 해야 할 중요한 일이라고 생각했다.

여러 요인이 모여 몇 차례 논의를 거친 뒤, 드디어 4월 13일이 되었다. 각국 대사관으로 대한민국 임시 정부 수립 선언문을 보내 대한민국이 일제의 식민지가 아니라 당당한 독립국임을 선언했다. 그리고 그해 8월, 국내와 러시아에 세워진 임시 정부를 통합해 명실상부한 대표 기관이 되었다.

상하이 임시 정부는 서양 열강과 국제 여론에 대한민국의 독립을 호소하고, 그들의 승인을 얻기 위해 백방으로 노력했다. 파리 강화 회의와 국제 연맹에 전문을 보내거나 사람을 파견했고, 서양 각국의 대표들에게 끊임없이 호소문을 보냈다. 일본의 부당한 조선 침략 과정에 대해 알리고 대한민국 독립을 위해 협력해 줄 것을 요청했던 것이다.

그러나 서양 열강의 눈에 대한민국은 별로 중요하지 않은, 동양의 작은 나라일 뿐이었다. 반면 일본은 자신들이 협력하거나 맞서야 할 강대국이었다. 이미 많은 서양 국가가 일본과 조약을 맺고 서로의 침략 정책을 인정해 주고 있었다.

임시 정부를 지지했던 독립운동가들은 아무런 이익이 없는 외교 활동을 비판했다. 조선 사람들의 고통이 날이 갈수록 심해지고 있는데도 외국의 협력에만 호소하고 있는 것은 이치에 맞지 않는다는 것이었다.

엎친 데 덮친 격으로 일제의 탄압이 심해져 적극적인 활동이 어려웠고,

재정도 바닥났다. 국내외 인사들이 모금을 통해 보내 준 독립 자금에 기대고 있던 임시 정부는 일제의 방해 작전으로 자금이 제대로 전달되지 않자 활동에 큰 어려움을 겪었다.

임시 정부를 지키기 위한 여러 인사들의 노력에도 불구하고, 날이 갈수록 임시 정부는 적극적인 활동을 펼칠 수 없었다. 그러면서 임시 정부에 대한 사람들의 지지도 떨어졌다. 이제 사람들은 간도와 연해주에서 목숨 걸고 싸우는 독립군에게서 희망을 찾았다.

대한민국 임시 정부의 주요 인사들
1919년 9월, 여러 곳에서 조직된 임시 정부가 하나로 통합되었다. 이승만이 대통령, 이동휘가 국무총리를 맡았다. 사진의 둘째 줄 왼쪽에서 여섯 번째가 이동휘, 그 옆이 이승만이다.

독립군의 고향, 간도

간도는 청나라 태조가 태어난 신성한 땅이라 하여 아무도 들어갈 수 없었던 곳이었다. 하지만 모진 흉년과 관리들의 수탈에 배가 고팠던 조선인들은 삼삼오오 짝을 지어 아침마다 두만강과 압록강을 건넜다. 그들은 강 너머 중국 땅에 드나들며 거친 손으로 돌을 고르고 땅을 갈아 씨를 뿌렸고, 날이 어두워지면 다시 강을 건너 집으로 돌아왔다.

점차 이삿짐을 싸 들고 식구를 이끌고서 강 건너 땅에 터를 잡는 조선인이 많아졌다. 조선 정부도 이주를 허락하며 두만강 이북에 관리를 파견하고 조선인들의 정착을 도왔다. 얼마 뒤에는 청나라 정부도 조선인들의 개간을 허락했다. 하지만 조선인들은 땅 주인이 될 수 없었으며, 중국인의 소작인이나 머슴이 되어 무거운 세금과 소작료를 내야 했다.

중국인들은 조선인에게 중국식 옷과 머리 모양을 강요하며 청나라 사람이 될 것을 요구하기도 했다. 이 무렵부터 이곳을 '간도(間島)'라 부르기 시작했다. 조선이기도 하고 중국이기도 한 땅이었다.

조선이 일본에게 국권을 빼앗기고, 1909년에 일본이 간도 협약을 맺어 간도를 청의 영토로 공식 인정한 뒤에도 사람들은 간도로 떠났고, 조선인 마을을 만들었다. 간도 사람들은 오두막에서 지내면서도 군자금을 모아 독립군에게 보냈다. 학교를 세워 한글과 조선 역사를 가르쳤고, 아들이 태어나면 독립군으로 키울 것을 다짐했다. 남자아이들은 스무 살이 되기 전에 총을 들고 나섰다. 이들이 모진 세월을 견딜 수 있었던 이유는 오직 하나, 고향에 다시 돌아가리라는 희망뿐이었다.

> 나는 국토를 찾고자 이 몸을 바쳤노라.
> 나는 겨레를 살리고자 생명을 바쳤노라.
> 나는 조국을 해방하고자 세상을 잊었노라.
> 나는 뒤의 일을 겨레에게 맡겼노라.
> 너는 나를 따라 국가와 겨레를 지키라!

 새벽 6시, 학생들이 외치는 소리가 새벽 공기를 가르며 온 산을 쩌렁쩌렁 울렸다. 3·1 운동 후 지청천 장군이 교관으로 부임한 뒤, 곳곳에서 찾아온 사람들로 신흥 무관 학교 학생은 1000명에 가까웠다. 작년 봄 서간도에서 조직된 독립군 부대는 신흥 무관 학교 졸업생들로 채워졌고, 이들이 활약할 본격적인 국내 진입 작전이 비밀리에 계획되고 있었다.

조국을 위해 목숨 바칠 기회만을 바라는 학생들의 열기는 뜨거웠다. 오늘의 군사 훈련도 험준한 산악 지대를 20킬로그램이나 되는 모래주머니를 차고 완전 무장한 채 행군하는 것이었다.

무관 학교에 입학한 뒤에 거의 매일 하는 훈련이어서 학생들에게는 이제 그다지 힘들게 느껴지지 않았고, 깎아지른 듯 경사진 절벽을 맨손으로 기어오르는 것도 꽤 익숙한 훈련이 되어 있었다.

이제 다음 달이면 정식 군인으로서 독립군 부대에 들어갈 것이었다. 북간도 군사 학교 출신 군인들과 연합 훈련도 펼칠 예정이었다. 학생들의 사기는 하늘을 찌를 듯했다.

지청천 장군이 저녁 특강을 맡았다.

"제군들! 제군들은 우리 대한민국의 독립을 위해 여기에 있는 것이다.

우리에게 결전의 날이 다가오고 있으니, 그날이 곧 우리의 국토를 되찾고 우리의 고향을 되찾는 날이 될 것이다. 잔학한 일본의 칼끝에 죽어 간 동포들이 도대체 얼마인가! 치 떨리는 원수를 갚고 단군의 혈손인 우리의 명예를 되찾을 날이 바로 그날이다!"

연병장의 떠내려갈 듯한 함성과 함께 '대한 독립 만세' 외침이 터져 나왔다. 지청천 장군의 연설을 듣기 위해 몰려온 동포들은 눈가에 맺힌 눈물을 닦으며 이를 악물었다. 학생들의 천둥 같은 외침에 독립이라도 이룬 듯 가슴이 벅차올랐다.

백두산을 뒤흔든 청산리 전투

1920년 6월, 백두산 호랑이 홍범도 장군이 지휘한 봉오동 전투 소식은 간도 사람들에게 새로운 희망을 안겨 주었다.

간도에 살고 있던 독립군들은 두만강을 건너 일본인 경찰 초소나 주재소를 습격하곤 했다. 총독부는 처음에는 별일 아닌 듯 여기다가 점점 피해가 커지자 대규모 군대를 두만강 건너 간도 지방으로 파견했다.

그러자 의병 시절부터 용맹하고 신출귀몰하기로 이름이 높았던 홍범도 장군이 독립군 부대를 쫓아 산악 지대 봉오동까지 온 일본 군대를 기습해 큰 성과를 올렸다. 골짜기를 삼면으로 둘러싸고 매복하고 있던 독립군은 일본 군대가 들어오자 일시에 사격을 해 큰 승리를 거뒀다.

봉오동 전투의 승리를 알리는 《독립신문》 기사
상하이 임시 정부는 "독립군 승리! 봉오동에서 대파. 크게 패해 달아난 적은 120여 명이 죽거나 다쳤다."라는 기사가 실린 《독립신문》의 호외를 배포했다.

홍범도와 김좌진
홍범도(왼쪽)는 평민 의병장 출신으로, 사회주의자로 활동하다 일생을 마쳤으며 김좌진(오른쪽)은 지주 출신으로, 교육 구국 운동을 펼치며 평생 민족주의자로 살았다.

일본은 독립군이 점차 강성해지자 봉오동 전투를 계기로 정규군을 대규모로 투입해 본격적인 독립군 토벌에 나섰다. 이에 맞서 홍범도, 김좌진, 지청천이 이끄는 만주 일대의 수많은 독립군 부대 2000여 명의 군사가 일본군에 맞선 최대의 일전을 준비하기 위해 중국 쪽 백두산 기슭 청산리로 이동했다.

독립군은 이곳에서 일전을 치른 뒤 러시아 연해주로 이동할 계획이었다. 연해주는 일찍이 조선인들이 이주해 살고 있던 곳이라 독립운동이 활발했고, 약소 국가의 독립을 주장하는 러시아 정부의 도움도 기대할 수 있었다.

청산리는 깎아지른 듯한 절벽으로 둘러싸인 깊은 협곡 지대인데, 일본의 탄압을 피해 고향을 떠나온 많은 조선인이 군데군데 마을을 이루며 살아가고 있었다. 절벽의 경사가 60도를 넘을 정도인 데다 인적도 드물어서 길도 나 있지 않은 곳이었다.

1920년 10월 20일 밤, 독립군 막사 안에선 다음 날 있을 전투를 준비하는 작전 회의가 열리고 있었다. 주력 부대를 이끌고 있는 김좌진 장군과 그 휘하의 장군들이 청산리 일대의 지도를 들여다보며 계획을 다시 확인했다.

"이미 수차례 확인했습니다. 한 치의 오차도 있어선 안 됩니다. 일본군이 도착해 전열을 가다듬기 전에 우리가 먼저 공격합니다."

"내일 새벽 4시부터 이동해 매복하는 것에는 변함이 없지요?"

"그렇습니다. 최대한 인기척이 나지 않도록 하시고, 출발하기 전에 각자 지정된 장소를 꼭 확인하십시오."

"동지들을 믿습니다."

뜨거운 손들이 한데 포개어졌다.

다음 날, 어스름한 새벽빛 속에 맨손으로 청산리의 절벽을 타는 사람들이 간간히 눈에 띄었지만 이내 잠잠해졌다. 새벽의 적막은 해가 떠올라서야 사라졌다. 드디어 독립군의 뒤를 쫓아 백두산 기슭으로 들어왔던 약 200명의 일본 전위 부대가 청산리 백운평에 다다랐다.

"여기서 잠시 쉬었다 간다. 이곳은 길이 험하고 수풀 속에 낭떠러지가 많으니 각별히 주의하도록!"

웅성대는 소리가 터져 나왔다. 열을 지어 바닥에 앉은 일본군들은 물을 마시고 다리를 주물러 대느라 분주했다. 백운평은 폭이 좁고 경사가 심한 절벽이 이어진 지형이어서 청산리에서 보기 힘든 평지였다. 길은 단 하나, 방금 일본군이 들어온 오솔길뿐이었다.

"공격!"

외마디 소리가 고요한 골짜기를 천둥처럼 뒤흔들었다.

"탕탕!"

"펑!"

백운평에 모여 앉은 일본군 위로 총알이 비 오듯 쏟아졌다. 날아온 수류탄에 수십 명이 계곡으로 떨어져 사라졌고, 난데없는 공격에 당황한

일본군은 총을 찾아 들고 절벽 위쪽으로 쏘아 댔다. 독립군 몇 명이 총을 맞아 골짜기 아래로 떨어졌다. 그러나 독립군이 일본군을 골짜기에 몰아넣고 절벽 위에서 내려다보며 공격하는 형국이었으니, 일본군은 그야말로 독 안에 든 쥐 신세였다.

30분 동안 쉬지 않고 콩 볶는 듯 요란한 총소리가 계속되더니 어느덧 잦아들었다. 백운평은 일본군의 시신으로 뒤덮였고, 목숨을 건진 일본군은 부랴부랴 퇴각하려고 했지만 성공한 자는 얼마 되지 않았다.

"중지하라!"

독립군이 전열을 가다듬자 다시 골짜기에 정적이 찾아왔다.

얼마 뒤 백운평에 도착한 일본군 본대는 절벽 위를 향해 총을 쏘아 대고 폭탄을 던졌다. 그러나 절벽 위에서 쏟아지는 총알과 포탄을 피할 수는 없었다. 독립군의 대승이었다. 이것이 김좌진 장군이 이끌었던 청산리 백운평 전투이다.

이후 청산리 골짜기 각지에서 10여 차례의 전투를 벌여 일본군 약 1500명을 살상하는 승리를 거뒀는데, 이를 모두 '청산리 대첩'이라 일컫는다.

동포의 시신을 가슴에 묻고

청산리 전투 참패에 대한 일본군의 보복은 잔인하고 처참했다. 그들의 총구는 독립군을 물심양면 돕던 조선인들을 겨냥했다. 간도와 만주 지역에서 마을을 이루고 살던 조선인들을 없애면 자연히 독립군도 힘을 잃을 것이라는 계산이었다.

　일본은 자국민인 조선인을 보호하겠다는 구실로 간도 지역에 경찰을 대규모로 배치한 뒤 조선인 마을을 돌며 학살을 벌였다. 일본의 지시에 따르지 않는 '불령선인(不逞鮮人, 불온하고 불량한 조선인)'을 처벌한다는 이유였다. 학살은 기습적으로 이뤄졌다.

　어슴푸레한 새벽, 어느 틈에 마을을 포위한 일본 보병 부대가 일제히 초가지붕과 낟가리에 불을 붙였다.

　"불이야~!"

　"사람 살려~!"

　난데없는 불에 놀라 허둥지둥 뛰어나온 조선인들은 일본군이 쏜 총탄에 맞아 푹푹 고꾸라졌다. 여자, 어린아이 할 것 없이 총에 맞아 쓰러졌다. 우왕좌왕 뛰다가 넘어진 사람에겐 여지없이 총탄 세례가 이어졌다. 여기저기서 터져 나온 비명과 절규는 요란하게 이어지는 총소리에 묻혀 버렸다.

　곳곳에서 피어오른 불은 온 마을을 다 삼켜 버릴 듯 넘실댔고, 조선인들이 희망으로 쌓아 올렸던 집과 교회, 학교를 모두 태워 버렸다. 날이 밝아 올 무렵에는 모든 것이 잿더미로 변해 있었다.

　일본군은 마지막으로 마을을 돌며 총검으로 목숨이 붙어 있는 사람을 살해했다. 그러고는 시체를 한데 모아 불태웠다. 아침이 되자 마을을 떠나 있었거나 수풀에 숨어 요행히 목숨을 건진 사람들의 황망한 통곡이 이어졌다.

　일본군의 이런 학살은 이후 3개월 동안 간도 각지를 돌며 계속되었다.

간도 참변
1920년 10월부터 3개월 동안 일본군은 간도의 조선인 마을을 불태우고 수많은 조선인을 학살했다.

간도의 조선인 마을이 모두 쑥대밭이 되었고, 3500명이 넘는 사람들이 학살당했다.

 간도에 가족을 두고 온 독립군들은 처참한 동포의 소식에 피를 토하며 통곡했다. 독립군은 이를 악물었다. 닳아 빠진 신발 사이로 비집고 들어오는 차가운 눈, 얼굴에 동여맨 삼베 목도리를 찢는 매서운 바람쯤은 아무것도 아니었다. 동상으로 퉁퉁 부은 맨손으로 눈길을 헤쳐 가며 주린 배를 움켜쥐었다.

 나라 잃은 슬픔을 뼈에 새기며, 산을 이룬 동포의 시신과 강물이 되어 흐르는 동포의 피를 가슴에 묻었다. 하루빨리 연해주에 다다라 더 크게 승리하리라는 각오 하나로 걷고 또 걸었다.

 독립군이 연해주에 다다랐지만 상황은 좋지 않았다. 러시아 정부는 내전을 치르느라 독립군을 지원하기 어려운 상황이었고, 연해주의 독립군들 사이에 갈등이 심해 서로 협력하기가 어려웠다. 엎친 데 덮친 격으로 러시아 정부는 우리 독립군의 무장 해제를 요구했고, 이를 거부하자 독립군을 공격했다.

200명이 넘는 독립군이 살해당하고 수많은 독립군이 행방불명되거나 체포되었다. 목숨을 걸고 헤이룽 강에 뛰어들어 다시 중국 땅으로 헤엄쳐 온 자들만 겨우 살아남았다.

이들은 뿔뿔이 흩어져 만주 일대의 조선인 동포 마을로 찾아들었다. 들풀이 모진 바람을 이기고 다시 일어나듯, 그들은 마을을 다지고 땅을 일구고 학교를 세웠다. 그리고 다시 일제에 맞서 싸우기 시작했다.

민족 해방의 길을 찾아서

조선 사람은 조선 물건을 쓰자

1920년대가 되자 일본의 공산품이 조선으로 밀려들기 시작했다. 일본에서 공업이 급속히 발달하자 엄청나게 많은 물건이 생산되어 일본 내에서 다 팔 수 없을 정도였다. 물건이 남아돌자 생산이 줄어들고, 공장이 문을 닫거나 기업 운영이 힘들어지기도 했다.

일제는 이런 문제를 해결하기 위해 일본의 상품을 조선에서 싼값에 팔도록 했다. 총독부와 협의해 일본 상품에 매기던 세금을 아예 없애거나 많이 깎아 버린 것이다. 세금이 붙지 않은 일본 상품은 조선에서도 가격이 그리 비싸지 않았고, 공장에서 대량으로 만든 것들이라 조선에서 만든 제품보다 값이 더 싸기까지 했다. 옷감은 물론이고 일상생활에서 쓰는 성냥, 그릇, 하물며 젓가락까지 불티나게 팔려 나갔다.

조선 기업은 하나둘씩 쓰러졌다. 자본도 별로 많지 않은 데다 총독부의 지원금조차 깎여 버려 도저히 버틸 힘이 없었다. 조선의 전통 수공업은 이미 일본의 물건들에 밀려 문을 닫은 지 오래였고, 조금씩 발전하기 시작하던 조선의 메리야스(면으로 짠 옷감의 일종) 공장이나 고무신 공장은 위기에 처했다.

이 상황을 두고 볼 수 없었던 조선의 민족 운동가들이 국산품을 애용하자는 운동을 전국적으로 벌였다. 이를 '물산 장려 운동'이라 한다. 1923년부터 서울과 평양을 중심으로 물산 장려 운동이 일어났다.

"둥~ 둥~ 빰빠라 빰~"

서양식 드럼이 요란하게 울리자 트럼펫을 앞세운 연주단이 신나는 행진곡을 연주했다. 그 뒤로는 서양식 중절모에 꽃 장식을 꽂은 사람을 시작으로 20명 정도가 줄을 지어 행진하고 있었다.

"우리 민족의 물건을 사서 쓰시오. 그것이 나라를 살리는 길이오!"

"내 살림은 내 것으로! 우리 자식은 우리 것으로 키웁시다!"

물산 장려 운동을 알리는 거리 행진
우리 민족이 생산한 물건을 써서 우리 기업을 발전시키면 조선이 다시 강성해질 수 있을 것이라고 주장했다. 사람들의 참여를 끌어내기 위해 거리 행진을 하고 있다.

이따금씩 들고 있는 깃발을 흔들며 입을 모아 소리쳤다. 구경거리를 발견한 사람들이 하나둘 모여들자 음악 소리가 더욱 커졌다. 행진하는 사람들 곁에는 일본인 경찰이 따라오고 있었지만 모여드는 사람들을 막지 않았다. 행렬이 평양역 앞에 이르자 한 사람이 앞으로 나오더니 헛기침을 하며 목을 가다듬었다.

"조선인 여러분, 우리 조선도 힘을 길러야 하오. 힘을 기르려면 어떻게 해야 하오? 바로 우리가 우리 손으로 만든 물건을 사서 쓰면 된다오. 조선인의 살림을 일본 것으로 하면 우리도 서서히 일본을 닮아 갈 것이오. 우리 살림을 우리 것으로 하면 우리의 전통이 이어질 수 있을 것이오. 또한 우리 조선의 기업이 살찌게 될 것이오. 그것이 조선의 힘이 강해지는 지름길이라 믿으시오. 자, 따라 외치시오. 내 살림은 내 것으로!"

물산 장려 운동
'우리가 만든 것은 우리가 쓰자.'라는 구호 아래 전개된 물산 장려 운동에 많은 사람이 참여했다. 경성 방직 주식회사의 국산품 애용 선전 광고(왼쪽)와 조선 광목(오른쪽)이다.

역 앞에 모인 사람들은 망설이다 그의 말을 따라 외쳤다. 사람들이 점점 많아지자 일본 경찰이 긴장하는 듯 보였지만 별다른 제지는 없었고, 질서를 유지하는 일에만 신경을 쓰고 있었다.

물산 장려 운동이 어느 정도 성공을 거두자 사람들은 애국심을 발휘해서 조선 물건을 사서 쓰기 시작했고, 조선 기업의 공장에서는 다시 활기가 넘쳤다. 하지만 이런 활기가 다시 꺾이는 데는 그리 많은 시간이 걸리지 않았다.

조선인이 사서 쓴 메리야스의 원료는 모두 일본에서 수입된 것이었고, 그렇다 보니 조선인이 값을 치른 돈은 대부분 일본으로 건너가 일본 기업을 살찌웠다. 우리 민족을 살리겠다던 물산 장려 운동이 오히려 일본을 돕는 결과를 가져온 것이다.

이런 어이없는 결과를 두고 사람들 사이에선 논란이 벌어졌다. 물산 장려 운동이 단지 조선인 기업가들을 살리는 일이었을 뿐, 보통 조선인들 입장에선 오히려 비싼 값에 물건을 사서 일본 기업을 도와준 꼴이 되었기 때문이다. 모든 것이 일본과 얽혀 있는 식민지 상태에서는 어떤 일을 해도 일본에 도움을 주는 결과가 나오곤 했다. 따라서 조선이 식민지 상태에서 벗어나는 길이 가장 시급한 일이었다.

그러나 엉뚱하게도 국내의 민족 운동가들 중 일부는 오히려 독립을 당분간 포기한 채, 일본을 본받아 우선 나라가 발전해야 한다는 주장을 펼치기 시작했다. 차라리 일본의 지배를 인정하면서 조선의 힘을 기르자고 생각을 바꾸는 이들도 생겨났다.

그들은 조선인도 '일본인처럼' 많이 배우고 부지런해야 하며, 근대적인

이광수
조선 총독부는 중국 상하이 임시 정부에서 활동했던 이광수를 귀국시켜 친일파로 만들었다.
사진의 앞줄 가운데가 이광수이다.

옷을 입고 근대적인 언어를 사용해야 한다고 주장했다. '일본처럼' 힘을 기르고 강해져야 살아남을 수 있다고 생각한 것이다. 그들은 일본이 현재는 조선보다 강한 나라이니 지금은 대항하지 말고 참으며 힘을 기르자고 외쳤다.

신문들은 앞다퉈 일본의 발전된 문화를 소개하며 조선의 문화를 바꾸자고 소리쳤다. 이광수는 전국을 돌며 강연회를 열어 '미신, 오래된 관습, 나태한 민족성을 없애자.'고 외쳤다. 그는 일본인들이 목욕을 자주 하고 머리를 자주 감는 것조차 '발전'이라 여기며 조선인들도 이를 본받아야 한다고 주장했다. 마을 길목을 지키던 장승과 수많은 사람의 염원으로 쌓아 올린 성황당도 '쓸데없는 미신'이 되어 버렸다.

그들의 주장은 점차 그들을 따르는 조선인을 일본인처럼 변하게 만들었다. 스스로 조선인이라는 사실을 부끄럽게 여기며, 겉은 조선인이되 속은 일본인인 사람들이 늘어나고 말았다. 이들은 조선의 독립을 필요 없는 것으로 여겼고, 일본 말을 쓰고 일본 옷을 입고, 일본 이름으로 불리길 원했다. 일본의 정책에 적극 협조했고, 일본의 발전이 곧 조선의 발전이라 믿었다. 이들은 조선 독립을 위해 싸우는 사람들을 찾아내 감옥으로 보내는 일을 자신의 사명이라 여겼다.

그러나 일본은 그들을 '식민지 조선 사람'으로 볼 뿐, 결코 동등한 '인간'으로 보지 않았다. 언제까지나 어리석고 보잘것없는 '조센징'으로 여길 뿐이었다.

독립으로 가는 또 다른 길, 사회주의

작은 방 안에는 토론의 열기로 달아오른 사람들이 둘러앉아 있었다. 원산의 한 비료 공장에서 일하는 노동자들과 얼마 전 서울에서 온 동일이었다. 동일은 원산 지역 노동자들을 모아 놓고 한글을 가르치는 야학 교사였다.

"선생님, 그럼 러시아에서는 저희 같은 노동자가 공장의 주인이란 말씀이세요?"

앳된 얼굴의 준희가 동일에게 질문을 던졌다. 하루 종일 지독한 화학 약품 냄새를 맡으며 일하느라 머리가 다 아플 지경이었지만, 조금 전에 동일이가 한 말이 믿기지 않아 정신이 번쩍 들었다. 준희네 공장은 일본인이 사장이었고, 노동자들을 감시하는 감독도 모두 일본인이었다.

"말도 안 돼요. 어떻게 재산 한 푼 없는 노동자가 주인이 되겠어요? 사장들이 마음이 좋아서 거저 준 것도 아니고요."

동일이 웃음을 띠며 말했다.

"물론 거저 준 것이 아니죠. 노동자와 농민들이 힘을 합쳐 혁명을 일으키고 나서야 그렇게 된 거랍니다."

"혁명이요?"

준희 옆에 앉아 있던 철호가 물었다.

"네. 여러분은 억울하지 않으세요? 날마다 일하는 건 여러분인데, 여러분이 만든 물건으로 돈을 버는 건 사장이잖아요."

"왜 안 그렇겠어요? 전 날마다 화가 나요. 밥도 제대로 못 먹어 고픈 배를 움켜쥐고 퇴근하는데, 비싼 기모노를 차려입은 사장 딸이 탄 자동차가 저더러 비키라고 빵빵대는 거예요. 걔는 나랑 나이도 같아요. 하지만

손에 물 한번 안 묻혀 보고 피아노만 치며 살죠."

철호가 준희를 툭 치며 말했다.

"걘 더러운 조센징 냄새가 난다고 공장엔 잘 안 온다던데? 너 같은 아인 사람으로도 안 볼걸?"

"일본인이면 잘난 일본에서 살지, 왜 조선에 와서 더럽다고 난리야? 웃겨, 정말."

"러시아의 노동자와 농민도 여러분처럼 멸시와 학대를 받으며 어렵게 살았어요. 일을 뼈 빠지게 해도 늘 배가 고팠죠. 하지만 그런 그들이 몇 해 전, 1917년에 드디어 혁명을 일으켰어요. '우리도 인간이다, 일하는 우리에게 공장과 땅을 달라, 일한 만큼 대가를 주고 평등하게 살자.'고 주장하며 사회를 바꾸기 시작했어요."

동일의 이야기를 듣던 삼덕이가 물었다.

"그럴 수도 있어요? 어떻게요?"

"70년쯤 전에 독일의 경제학자 마르크스가 사회주의를 주장했어요. 땅과 공장을 모두 국가의 것으로 하고, 거기서 열심히 일한 사람에게 이익을 주어 살게 하는 거죠. 그렇게 되면 노동자와 농민들이 함께 잘살 수 있겠죠?"

"와~ 정말 좋겠네요. 꿈같아요. 그럼, 조선 땅에서 활개 치는 일본인들도 모두 쪽박 차겠네요?"

상상만으로도 기분이 좋은지 삼덕이 낄낄대며 웃었다.

"러시아에선 실제 그런 일이 일어났어요. 혁명이 성공하자 그동안 노동자와 농민을 괴롭혔던 사장과 지주들이 모두 끌려 나와 처형당했죠.

나라 이름도 소련(소비에트 연방 공화국)으로 고치고, 강대국의 억압 아래서 고통받고 있는 조선 같은 식민지들의 독립운동도 돕겠다고 나서고 있어요."

방 안에 모여 앉은 노동자들은 마치 꿈을 꾸듯 미소를 머금었다.

총독부의 감시와 억압 속에서 살던 조선 사람들에게 러시아 혁명은 새로운 희망을 주었다. 당시 조선에서 공장과 땅을 소유하고 부유한 생활을 하던 사람은 대부분 일본인이나 친일파였고, 그들 아래에서 살인적인 노동에 시달리던 노동자와 농민들은 모두 조선인이었다. 하루하루 뼈 빠지게 일하고도 조선의 노동자와 농민에게 돌아오는 것은 입에 풀칠하기도 어려운 월급 몇 푼과 망가진 몸뿐이었다.

이런 상황에서 조선에 알려진 러시아 혁명 소식은 사람들의 가슴을 설레게 했다. 농민과 노동자의 힘으로 일본인을 몰아내면 땅과 공장의 주인이 될 수 있는 것은 물론이고, 나라의 독립까지도 이룰 수 있다고 생각했다. 조선에서 사회주의 운동은 곧 독립운동의 또 다른 길이었다.

사회주의를 공부한 사람들은 노동자와 농민에게 사회주의가 무엇인지 알려 주기 위해 애썼다. 강습회와 강연회를 열어 새로운 사상에 대해 설명하고, 어려운 생활을 참고 견디기만 할 것이 아니라 싸워서 이겨 내야 한다고 주장했다. 사람들은 야학에 나가 글자를 배워 함께 책을 읽고 토론하며 세상 보는 눈을 키워 나갔다.

공장과 땅을 가진 일본인과 친일파에게 핍박당하면서도 말없이 고통을 견디고 있던 노동자와 농민들은 서서히 자기들이 해야 할 일이 무엇인지 깨달아 갔다.

전국을 울린 암태도 농민들의 외침

뭉치어라 작인들아 뭉치어라

우리의 부르짖음 하늘이 안다.

뭉치어라 작인들아 뭉치어라

마음껏 굳세게 뭉치어라

이 뼈가 닳게 일하여도 살 수 없거늘

놀고먹는 지주들은 누구의 덕인가

그들의 몸에 빛난 옷은 우리의 땀이요

그들의 입에 맞는 음식은 우리의 피로다.

봄 동산에 좋은 꽃 지주의 물건

가을밤에 밝은 달도 우리는 싫다.

추적추적 내리는 빗소리에 실려 구슬픈 노래가 목포 재판소 앞마당에 울려 퍼졌다. 벌써 닷새째 끼니를 굶고 이곳에 모여 앉은 사람들은 암태도에서 배를 타고 온 600명의 소작인들이었다. 엄마 젖이 나오지 않아 우는 아기부터 기력이 쇠한 노인들까지 빗물에 섞인 눈물을 흘리며 노래를 불렀다. 이들은 석 달 전 약속한 소작료 인하를 하루라도 빨리 실행할 것을 요구하고 있었다.

넓은 농지가 많기로 소문난 전라도 신안 앞바다의 암태도. 이곳 땅은 대부분 대지주 문재철의 소유였다. 문재철은 총독부가 실시한 토지 조사 사업과 지주 권리 강화 방침 덕분에 소작료를 수확물의 80퍼센트까지 받고 있었고, 마음에 들지 않는 소작인을 1년마다 갈아 치우곤 했다.

문재철의 가혹한 처사에 불만이 많았던 소작인들은 자신들의 권리를 지키기 위해 '암태도 소작회'를 만들었다. 3·1 운동 이후 암태도에 야학이 생기고, 이곳에서 글을 배운 청년들이 청년회를 만들면서 소작회의 활동도 본격화되었다.

"소작료가 점점 높아지더니 이젠 80퍼센트에 이르렀습니다. 이를 가만 둔다면 이젠 우리 누더기 옷까지도 벗겨 갈 지경 아닙니까?"

소작회를 이끌고 있는 서태석이 말했다. 목포에서 3·1 운동 10주년 기념 시위를 이끌다가 잡혀 1년여 동안 옥고를 치르고 돌아온 그였다.

"소작료만 내라면 다행이지요. 비료 값, 물세, 농기구 값까지 농민들에게 내라고 생떼를 부리니, 입에 풀칠만 하면 다행입니다."

암태도 소작인들이 여성 교육을 위해 세운 '여자 강습원'에서 교육받은 뒤 소작회 일을 돕고 있는 서영희가 덧붙였다.

"이대로 당하고만 있어서는 안 됩니다. 우리 농민들의 힘도 점차 커지고 있습니다. 이제 세상이 바뀌어 전국의 많은 사람이 우리의 행동을 지지해 줄 겁니다."

소작회 사람들은 비밀리에 모든 소작인에게 전갈을 보내 소작료 납부 거부 운동을 알렸다. 논은 40퍼센트, 밭은 30퍼센트로 소작료를 낮추지 않으면 이를 내지 않겠다고 문재철에게도 알렸다. 받아들이지 않을 경우 문씨 집안의 조상을 칭송한 비석을 파괴하겠다고 알렸다. 하지만 문재철은 승낙하기는커녕 오히려 사람들을 보내 소작회 사람들을 폭행했다. 이 소식을 들은 농민 300여 명이 몰려가 송덕비를 부숴 버렸다.

연락을 받은 목포 경찰서는 즉시 무장한 경찰관을 파견해 소작회의 지도자 12명을 구속했다. 다음 날부터 문재철은 사람들을 보내 그동안 밀린 소작료를 걷어 갔다. 농민들이 저항하면 밤에 몰래 집에 들어가 곡식을 꺼내 오기도 했다.

"아니, 이거 뭐하는 거야! 지주면 다야? 왜 남의 집에서 도둑질이야!"

"임이네도 왔어요? 우리 집에는 남은 곡식이 하나도 없다니까요!"

아침에 마을 느티나무 아래 모인 사람들의 얼굴은 분노로 일그러졌다.

"우릴 얕보고 하는 짓 아닙니까? 경찰들이 총칼 들고 지주들을 지켜 준다 이거죠."

"당장 목포에 가서 우리 소작회 사람들을 데려와야 해! 우리가 경찰 따위한테 밀리지 않는다는 걸 보여 줘야 한다니까!"

농민들은 회의를 열어 목포 재판소까지 찾아갈 사람들을 모았다. 금세 600명이 넘는 사람이 모였다. 마을 어르신들은 물론, 젖먹이 아이를 둔 아낙네까지 나섰다. 배를 타고 목포로 온 사람들은 목포 재판소를 에 워싸고 소작회 간부들의 석방을 요구했다. 당황한 목포 경찰서 책임자는 소작회 간부를 석방하겠다고 약속했고, 암태도의 소작인들은 섬으로 돌아갔다.

그러나 약속은 지켜지지 않았다. 농민들은 이번엔 굶어 죽기를 각오한다는 '아사 동맹'을 결성하고 다시 배를 탔다. 목포 재판소 앞마당에 자리 잡은 농민들은 구속된 사람들을 모두 풀어 줄 때까지 물러나지 않을 태세였다.

단식을 시작한 지 엿새째 되는 날, 농민들은 목포 시내를 행진하며 시위를 벌였고, 목포 시내에 있는 문재철의 집 앞에서 소작료 인하를 요구했다. 경찰이 출동해 싸움이 벌어졌다.

신문 기자들은 이 사건을 대대적으로 보도했다. 전국의 농민회에서 지지를 선언했고, 사회 단체에서는 모금을 통해 격려금을 모아 보내왔다. 지주를 보호하려다 오히려 전국 농민의 저항에 부딪힐 상황이 되자, 경찰은 태도를 바꿨다. 농민들의 요구 조건을 받아들이고

암태도 사건을 보도한 《동아일보》
암태도 운동의 지도자 서태석과 목포 경찰서장의 면담 내용을 다루고 있는 1924년 4월 6일 자 《동아일보》 기사이다.

소작료도 수확의 40퍼센트로 낮추도록 문재철에게 지시했다. 농민들이 승리한 것이다.

  소작인들이 지주와 경찰에 맞서 벌인 1년간의 끈질긴 투쟁과 승리 소식은 전국의 농민들을 설레게 했다. 총독부의 보호 아래 소작인들을 쥐락펴락했던 지주들에 맞선 농민들의 싸움이 전국에서 이어졌다.

  농민들의 끈질긴 싸움에도 이듬해 봄이 되면 지주는 은근슬쩍 소작료를 올렸다. 농민들이 지치거나 흩어져 싸움을 포기하면 소작료는 다시 올라갔다. 지주와 한편인 일본 경찰은 언제나 소작인들에게 폭력을 휘둘렀다. 일본인들이 만든 조선의 법은 조선인들을 억눌렀다.

  언제부터인가 '소작료를 낮춰 달라.'는 농민들의 외침은 점점 '일본을 몰아내자.'로 바뀌어 갔다. 지주에 맞선 농민들의 싸움은 독립으로 가는 또 다른 길이었다.

원산의 노동자들, 일제에 맞서다

강화도 조약 때 개항한 원산에는 많은 공장이 들어서 있었다. 부두에서 지게로 짐을 나르는 날품팔이 노동자도 많았다. 이들은 마음 맞는 사람들끼리 의형제를 맺거나 계를 만들어 서로 의지하며 살아갔다. 온몸이 짓눌리는 힘든 노동과 발길질을 일삼는 일본인 감시원들의 학대에도, 서로의 어깨를 다독여 주는 동료들 덕분에 다시 힘을 낼 수 있었다.

  하나둘씩 생기기 시작한 야학에서 함께 글을 배우고 책을 읽으면서 노동자들의 계는 점차 커져 갔고, 함께 돈을 모아 부모의 장례식을 치르고 자식의 결혼을 준비하면서 더욱 끈끈한 관계가 되었다. 이들은 서로의 일터에서 일어나는 부당한 대우에 함께 분노했고, 대표를 뽑아 자신들의 의견을 전달하기도 했다. 크고 작은 모임들이 점차 하나로 모이더니 1920년대 후반에는 마침내 '노동 연합회'라는 이름으로 2000명이 넘는 회원이 활동하게 되었다.

많은 노동자가 한데 뭉치자 기업가나 경찰도 이들을 우습게 보지 못했다. 공장에서 일어나는 부당한 대우에 노동자들이 함께 저항하는 일도 잦아졌고, 이런 일은 곧 신문에 보도되어 전국의 사회 단체가 함께 힘을 모을 수도 있었다.

원산의 노동자들은 안 그래도 적은 월급을 깎으려는 회사에 맞서 기계를 멈추고 작업을 거부하곤 했다. 조선인들을 벌레 취급하는 일본인 감독에게 항의하며 파업을 벌였고, 부당한 대우에 항의하다 쫓겨난 동료를 위해 공장 문을 닫아걸고 단식 투쟁을 하기도 했다.

사상 최대의 파업은 1929년에 일어났다. 영국인 소유의 석유 회사에 악랄하기로 소문난 일본인 감시원, 고다마가 있었다. 공장에서 고다마에게 손찌검을 당하지 않은 노동자가 없을 정도였다. 여러 차례 항의도 해 보고 고다마를 해고해 달라고 회사 측에 건의도 해 봤지만 소용이 없었다.

그러던 어느 날, 고다마가 또다시 조선인 노동자 박준업을 심하게 폭행했다. 며칠 뒤 120명의 노동자가 파업을 시작했다.

"노동자를 폭행한 일본인 감독 고다마를 당장 해고하라!"
"우리도 사람이다! 최저 임금 보장하라!"

"안전시설 확보하라!"

노동자들은 턱없이 낮은 임금을 올리고, 숱한 사고를 일으키는 낡은 기계도 바꾸라고 주장했다. 당시 일본인 기업가들은 일본에서 10여 년 동안 사용한 낡은 기계를 들여와 안전시설도 없이 사용했는데, 많은 공장에서 사고가 일어나 조선인 노동자들이 죽거나 다쳤다. 사고가 잦은 공장이나 대규모 공사장에서는 미리 조선인의 사망 신고서를 준비해 놓고 일을 시키곤 했다.

노동자들의 갑작스러운 파업에 당황한 회사 측은 모든 요구 조건을 받아들이면서 3개월간의 여유를 달라고 했고, 노동자들은 이를 수락해 20일간에 걸친 파업을 끝냈다. 그러나 3개월이 지나도 아무것도 변하지 않았다. 오히려 임금은 더욱 낮아지고 노동 시간은 더 늘어났다.

"3개월 전에 약속한 사항을 왜 지키지 않습니까? 벌써 시한이 지났지 않습니까?"

노동자 대표의 말에 회사 대표는 코웃음을 치며 말했다.

"우리 회사는 어떤 노동자 단체도 인정하지 않소. 우리가 여러분과 협상할 필요조차 없다는 이야기요. 우리는 오직 그때 구타당한 박준업과 이야기하면 되는 거 아니요? 다 지나간 이야기로 더 이상 피곤하게 굴지 마시오."

이 소식은 금세 원산의 모든 노동조합에 전해졌다. 분노한 노동자들이 파업에 동참하기 시작했다. 원산의 공장 노동자들은 물론이고 부두 노동자, 화물을 운반하는 운전수까지 총 3000명이 넘는 사람이 파업에 참여했다.

이들은 파업 비용을 마련하기 위해 '하루에 두 끼 먹기 운동'과 '금연, 금주 운동'도 벌였다. 소식이 전국에 전해지자 각 사회단체의 지지 선언문과 모금이 원산으로 모여들었다. 프랑스, 중국, 블라디보스토크의 노동자들도 격려문을 보내왔다. 파업은 3개월간이나 이어졌다.

1929년 3월 1일, 전국에서 3·1 운동 10주년 기념식이 계획되자 총독부를 비롯한 일본인 기업가들은 바짝 긴장했다. 특히 원산의 총파업이 전국으로 확산될까 봐 전전긍긍이었다. 총독부는 군대와 경찰을 동원해 파업을 진압하기 시작했다. 수많은 노동자가 잡혀갔다. 식량이 끊겨 끼니도 챙겨 먹을 수 없었던 노동자들은 4월 1일에 일어난 가두 시위를 마지막으로 모두 구속되었고, 이로써 총파업은 끝이 났다.

파업은 실패했다. 그러나 파업에 참여했던 수많은 사람과 소식을 들었던 전국의 조선인들은 일본인 기업가와 총독부에 용감히 맞서 굳건한 투쟁을 벌였던 원산의 소식을 자랑스러운 기억으로 가슴에 묻었다.

학생들이 앞장선 6·10 만세 운동

일제는 3·1 운동 이후부터 친일파를 기르기 위해 애썼다. 특히 사회적으로 이름 있는 작가나 종교인, 교육자를 일제의 편으로 끌어들이고자 했다. 이광수나 최남선처럼 조선 사람들의 존경을 받고 있는 사람들에게 접근한 뒤, 필요한 자금을 대 주거나 높은 지위를 주는 방식으로 회유했다.

민족 운동에 앞장서며 궁핍한 생활을 하던 이들은 일제가 쥐어 준 권력과 돈에 취해 서서히 자신의 생각과 행동을 바꿔 갔다.

> 조선 민족이 쇠퇴하는 근본적인 원인은 바로 도덕에 있습니다. 허위, 비사회적 이기심, 게으름, 신의 없음, 두려움, 사회성의 결핍 때문에 조선 민족은 지금과 같은 쇠퇴에 빠진 것입니다.…… 우리 민족의 쇠퇴는 민족성에서 비롯된 것이므로 민족이 흥하느냐 망하느냐는 실로 그 민족성에 달려 있습니다. 그러므로 한 민족의 개조는 그 민족성의 근저인 도덕에서부터 시작해야 합니다.

이광수가 1922년에 잡지 《개벽》에 쓴 〈민족 개조론〉의 일부 내용이다. 3·1 운동에 앞장서고 임시 정부의 기관지인 《독립신문》의 책임자이기도 했던 이광수는 일제의 포섭에 넘어가 완전히 다른 사람이 되었다. 이광수는 우리 민족이 나태하고 도덕성이 없기 때문에 일제의 지배를 받게 되었으며, 그 민족성을 바꾸기 위해 우선 노력해야 한다고 주장했다.

2년 뒤 《동아일보》에 들어간 이광수는 한 발 더 나아가 일제의 지배를 인정하고, 그 안에서 합법적인 민족 운동을 펼치자고 주장했다. 당시 조선의 천재라고 불렸던 이광수가 이렇게 주장하자 많은 사람이 독립운동을 포기했다. 이들은 일본의 지배가 영원할 것이라고 믿고, 그 안에서 조선인들이 살길을 찾아야 한다고 생각했다. 투표권을 얻고, 돈을 벌고, 교육을 받아 일본인으로 살아갈 수 있는 방법을 연구한 것이다.

이광수와 같은 길을 걸어가는 사람들을 바라보면서 함께 민족 운동을 했던 사람들은 씁쓸한 마음으로 등을 돌렸다. 두 갈래로 갈라져 가는 민족 운동가들을 바라보며 총독부는 회심의 미소를 지었다.

거기에 더해 새로운 사상인 사회주의가 크게 유행하면서 민족 운동가들과 사회주의 운동가들 사이에도 마찰이 빚어지기 일쑤였다. 사회주의자들이 노동자와 농민이 스스로 일어나 싸울 것을 강조하다 보니, 민족주의자들은 사회주의자들이 너무 과격하다며 비난했다. 반면 사회주의자들은 민족주의자들이 일제의 속임수에 넘어가고 있다고 의심했다. 하나로 뭉쳐 싸워도 모자란 때에 서로 나뉘어 싸우고 있었으니, 일제에게는 이보다 더 좋을 수는 없는 상황이었다.

총독부는 독립운동이 주춤한 틈을 타 조선인들에 대한 감시와 탄압을 더욱 강화했다. 간단한 집회와 시위라도 벌이기 위해서는 수많은 보고서와 허가 신청서를 제출해야 했고, 총독부는 이것저것 트집을 잡아 허가를 내주지 않았다. 자유를 보장받아야 할 신문조차도 날마다 보도할 기사를 총독부에 보내 사전 검열을 받았고, 검열에 통과하지 못한 기사는 무조건 삭제되었다. 일제에 조금이라도 비판적이거나 민족의 독립운동에 이익을 줄 만한 기사는 실을 수가 없었다. 이렇게 기사가 삭제된 곳은 하얀 여백으로 남긴 채 신문을 발간하곤 했다. 조선의 독립운동은 사면초가의 어려움 속으로 빠져들었다.

1926년 4월 25일, 순종이 세상을 떠났다. 자신의 손으로 조선이 망하는 길을 열어야 했던 왕, 황태자를 일본에 볼모로 보낸 채 창덕궁에 유폐되어 살던 조선의 마지막 왕이 세상을 떠난 것이다.

조선의 운명을 상징하는 듯한 순종의 죽음에 온 나라가 슬픔에 잠겼다. 인산일(장례일)이 다가오자 전국에서 사람들이 하얀 상복을 차려입고 황제의 마지막 가는 길을 배웅하러 한성으로 모여들었다.

고종의 인산일에 있었던 3·1 운동을 기억하고 있는 사람들은 순종의 장례식에서도 큰 사건이 일어날 것이라 생각했다. 일제는 한성으로 들어오는 모든 길목에 군대와 경찰을 배치했으며, 지나가는 사람들의 짐을 모두 풀어헤치고 샅샅이 뒤졌다. 잉크나 인쇄 용품 등 의심받을 만한 물건이 나오면 무조건 그 주인을 끌고 갔다.

그러나 학생들은 일제의 삼엄한 경비를 뚫고 움직이기 시작했다. 일제의 친일파 육성 정책이 성공하고 민족 운동가들이 둘로 갈라져 서로 싸우고 있을 때, 학생들은 자신이 해야 할 일이 무엇인지 알고 있었다. 학교마다 비밀리에 조직되어 있는 독서회와 학생회를 중심으로 시위를 준비했다. 순종의 죽음은 새로운 민족 운동의 출발점이 되었다.

순종의 장례식 날
조선의 마지막 왕 순종이 세상을 뜨자 장례식 참석을 위해 전국에서 상복을 입은 사람이 한성으로 몰려들었다. 장례식 날, 학생들이 앞장서서 6·10 만세 운동을 일으켰다.

1926년 6월 10일 오전 8시 반, 순종의 상여가 종로 단성사 앞을 통과하자마자 행렬에서 한 학생이 뛰쳐나왔다. 중앙고등보통학교(중앙고보) 학생 이선호였다.

"대한 독립 만세!"

그의 외침을 신호로 행렬에 섞여 있던 중앙고보생 30여 명이 며칠 전 하숙집에서 인쇄한 태극기와 격문을 뿌리며 '대한 독립 만세'를 외쳤다. 이를 지켜보던 조선인들이 모두 그에 호응하며 만세를 외치고 태극기를 흔들었다. 당황한 일본 경찰이 호각을 불며 달려왔다. 말발굽에 채이고 경찰이 휘두르는 몽둥이에 얻어맞으면서도 만세 소리는 끊이지 않았다.

"조선 독립운동자여, 단결하라!"

"일본인 교원에게는 배우지 말자!"

"언론 출판의 자유를 인정하라!"

"교육은 조선어로!"

비슷한 시각, 한성 곳곳에서 조선 학생 과학 연구회 소속의 학생들이 주도하는 만세 시위가 벌어졌다. 이들은 한 달 전부터 시위를 준비했다. 밤마다 하숙집에 모여 시위 계획을 세우고, 하숙비와 용돈을 털어 인쇄기를 마련해 격문과 태극기를 찍어 냈다. 학교에서는 비밀리에 시위를 추진할 수 있는 동지들을 모았다.

인산일 당일에는 수백 명의 학생이 서울 시내 곳곳에서 만세를 외쳤고, 출동한 경찰과 군인들의 몽둥이와 총에 잔인하게 진압당했다. 어린 학생들이 끌려가는 것을 본 사람들도 경찰에 항의하면서 만세 시위에 동참했다.

전국에서 학생들의 만세 시위와 동맹 휴학이 이어졌다. 이로써 1000여 명의 학생들이 전국 각지에서 붙잡혔고, 서울에서는 200여 명의 학생들이 끌려가 모진 고문과 취조 끝에 형무소에 수감되었다.

독립운동 세력의 단결을 요구하며 조선 독립을 외쳤던 6·10 만세 운동은 친일파를 길러 독립운동을 분열시키고자 했던 총독부의 간담을 서늘케 한 사건이었다.

하나가 된 민족주의자와 사회주의자, 신간회

6·10 만세 운동 이후, 조선의 민족주의자들과 사회주의자들은 독립을 앞당기기 위해서 힘을 합쳐야 한다는 데 뜻을 모았다. 그러고는 오래된 나무에 돋아나는 새로운 잎처럼, 갈 길을 잃고 헤매는 독립운동에 새로운 힘을 불어넣자는 뜻으로 '신간회'를 함께 만들었다. 신간회에 참여한 사람들은 특정한 사상이나 주장에 휩쓸리지 않고 하나로 뭉쳐 활동할 것을 다짐했다. 민족주의자인 이상재가 회장에, 사회주의자인 권동진이 부회장에 선출되었다.

"우리 민족의 독립은 우리 손으로 이뤄 내야 합니다. 이광수가 발표한 글에서처럼 우리가 나태하고 못나서, 협동하지 못하고 싸우기만 해서, 그래서 일본이 우리를 지배하고 있는 것입니까? 일본은 조선을 영원히 지배할 것이니, 이제 우리가 그 속에 들어가 일본인이 되어야 하는 것입니까?"

신간회 회장직을 맡고 있는 이상재가 목소리를 높여 말했다. 연단을

이상재와 신간회 안동 지회의 정기 대회
대표적인 민족주의자로 1927년 신간회 창립 때 회장으로 추대되었다. 신간회가 결성되자 안동에서도 같은 해 8월 26일 신간회 안동 지회가 조직되었다.

바라보며 연설에 귀를 기울이고 있던 200여 명의 사람들이 "아닙니다!" 하고 대답했다.

"우리는 힘을 한데 모아야 합니다. 그래서 일제의 지배를 굳게 다져 주려는 기회주의자들에게 항거해야 합니다. 그리고 우리 민족 스스로가 독립을 이룰 때까지 온 힘을 다해 노력해야 합니다!"

청중들의 우레와 같은 박수 소리가 비좁은 강당을 울렸다. 일본 경찰의 온갖 방해 공작을 뚫고 열린 신간회 대구 지회 창립식 현장이었다.

신간회는 창립되자마자 전국에 지회를 만들기 시작했다. 전국 각지에서 뜻을 모은 사람들이 신간회의 회원으로 가입하고 지회를 창립했다.

창립된 지 1년도 안 되어 전국에 100여 개의 지회가 생겼고, 회원도 2만 명이 넘었다. 사람들은 너도나도 신간회 회원이 되고자 했고, 신간회의 여러 운동에 적극적으로 동참했다.

신간회는 금주, 금연, 미신 타파 등 일상생활의 문제를 해결하려고 노력하면서, 노동자의 파업과 농민들의 소작 투쟁도 지원했다. 신간회의 활동은 더욱 활기를 띠어 갔다. 그러자 신간회의 활동을 지켜보던 총독부가 서서히 감시망을 조여 왔다. 지회 창립을 방해하거나 웅변 대회 개최를 금지하는 일도 벌어졌다. 하지만 일제의 탄압이 시작되자 더욱더 많은 사람이 회원으로 등록했고, 지방마다 지회를 만들어 1928년 말에는 지회가 143개, 회원은 3만 명에 이르렀다.

1929년, 광주에서 학생들이 항일 운동을 일으키자 신간회 지도부는 급히 모여 학생들을 도울 방법을 모색했다. 진상 조사단을 이끌고 광주에 갔던 김병로는 한성에 돌아오자마자 민중 대회를 열자고 제안했다.

"지금 광주에서는 우리의 어린 학생들이 조선의 독립을 부르짖다가 온갖 고초를 당하고 있습니다. 어린 학생들이 온몸으로 일제에 맞서고 있는데, 우리 같은 어른이 가만히 있을 수는 없지 않습니까? 민중 대회를 열어 사람들에게 정확한 소식을 알려야 합니다."

그의 이야기를 듣고 있던 조병옥이 입을 열었다.

"맞습니다. 광주 학생들이 운영하고 있던 독서회 또한 우리가 지원해 오고 있지 않았습니까? 그들을 모른 척한다면 우리가 조국 독립을 위해 일한다고 말할 수 없을 것입니다."

"제가 광주 경찰서를 찾아가서 구속된 100여 명의 학생을 석방하고 그들의 요구를 들어줄 것을 요청했습니다. 한성에서도 뭔가 행동을 보여야 저쪽에서 반응이 있을 겁니다."

이미 광주 학생 운동 소식을 들은 서울의 학생들도 일어나고 있었다. 규모는 작았지만 시위는 서울 시내 곳곳에서 일어났고, 점점 더 많은 학생이 참여했다. 신간회는 12월 13일에 전국에서 동시에 민중 대회를 개최하기로 했다. 그러나 예정된 민중 대회를 경찰이 막았으며, 신간회 본부에 경찰이 들이닥쳐 조병옥, 김병로, 허헌, 홍명희 등 47명이 구속되었다.

구속 소식을 들은 전국의 학생들은 더욱 활발히 시위를 전개해 나갔다. 그러나 지도부가 구속된 뒤 신간회의 상황은 매우 나빠졌다. 경찰은

신간회에서 활동하는 사람들에게 금족령을 내려 집 밖으로 나오지 못하게 하거나 경찰을 붙여 모든 행동을 감시했다. 신간회는 어떤 일도 할 수 없었다.

신간회에 속해 있는 민족주의자와 사회주의자 사이의 갈등도 심해졌다. 지도부가 구속되자 친일적인 성향을 띤 민족주의자들이 신간회 간부로 선출되었다. 사회주의자들은 이에 불만을 품었고, 자주 다툼이 일어났다. 일제의 민족 분열 정책이 성공한 것이다. 1931년, 신간회는 결국 해산되고 말았다.

식민지 교육에 반대한 광주 학생 항일 운동

어른들이 민족주의와 사회주의, 민족주의자와 친일파로 갈라져 갈등하고 있을 때, 학생들은 식민지 교육에 시달리며 날마다 학교에서 공공연한 차별을 받고 있었다.

조선 총독부는 한국의 역사와 지리, 한국어 교육은 제한하고 일본사, 일본 지리, 일본어 교육을 강화했다. 이런 수업은 대부분 일본인 교사가 담당했는데, 교사는 늘 '조센징'이라는 말을 입에 달고 다니며 매를 휘두르는 것을 당연하게 여겼다.

교육 과정에도 차별이 있었다. 학교의 명칭부터 달라서 조선인이 다니는 학교는 '고등 보통학교', 일본인이 다니는 학교는 '중학교'라고 불렀다. 고등 보통학교에서는 주로 기술을 가르쳤다. 문학, 어학, 과학 등은 기초적인 내용만 가르쳤고 농업, 공업, 목공 등 기술 교육이 주로 이뤄졌다.

**조선인 학교의 목공 실습 장면과
조선 총독부에서 간행한 《국어 교본》**
일제 강점기 시절 조선인은 교육에서도 차별을 받았다.
조선 학생들이 다니는 고등 보통학교에서는 주로 기술을
가르쳤으며, 일본어 교육을 강화했다.

  교육 과정에 들어 있는 과학 실습도 거의 이뤄지지 않았다. 총독부가 학교에 지원하는 실습비가 거의 없었기 때문이다. 일본인 학교에서는 해마다 수학 여행을 갔지만 조선인 학교에서는 그러지 못했다.

  학생들은 아버지가 역 앞에 나가 지게로 짐을 져 나르고, 누이가 공장에 나가 숨 막히는 기계의 열기를 참아 가며 번 돈으로 학교를 다녔다. 가족의 희생으로 마련한 학비를 꼬박꼬박 내면서도 일본인 학생과의 차별이 당연한 듯 이뤄지자 조선인 학생들은 점점 이를 참고 견디기 어려웠다.

차별을 견뎌 내고 졸업장을 손에 넣어도 좋은 직장에 취직하기가 어려웠다. 잘되어야 일본인을 도와 허드렛일을 처리하는 하급 관리 정도가 될 뿐이었다.

마치 조선인 학생과 일본인 학생 사이에는 유리로 만든 천장이 있는 듯했다. 아래에는 조선인이, 위에는 일본인이 있었다. 일본인처럼 살겠다고 아무리 발버둥 치고 열심히 공부해도 어차피 일본인들의 발 아래에 있을 뿐이었다. 이것이 조선인 학생들이 깨달은 식민지 조선의 현실이었다.

답답한 현실을 제대로 바라보기 위해 학생들은 밤마다 모여 책을 읽었다. 현실 사회를 비판하고 일본인의 통치 정책을 예리하게 지적한 글을 읽으면서 자신들이 해야 할 일이 무엇인지 고민했다. 전국의 조선인 학교에서 수많은 독서회가 비밀리에 만들어졌고, 연락망을 조직해 함께 활동하기도 했다.

같은 지역의 독서회는 힘을 모아 저항 행동을 펼치기도 했다. 일본인들이 만들어 놓은 '노예 교육'에 반발해 일본어 책을 찢고 일본인 교사의 수업을 거부하는 동맹 휴학 운동을 벌였다. 수많은 학생이 퇴학당하거나 심하면 경찰에 끌려갔으나 학생들의 반일 운동은 쉽사리 그치지 않았다.

광주에서는 특히 여러 차례 동맹 휴학이 일어났다. 광주에는 조선인이 다니는 광주 고등 보통학교(광주고보)와 일본인이 다니는 광주 중학교(광주중)가 있었다. 두 학교는 늘 경쟁했고, 광주고보의 조선인 학생들은 광주중과의 차별을 문제 삼아 여러 번 동맹 휴학을 일으켰다.

1928년에는 광주고보에 다니던 이경채가 광주 송정리 일대에 〈독립 선언서〉를 배포했다는 이유로 다른 친구들과 구속되었는데, 학교가 그를 퇴학시키자 광주고보 학생들이 모두 함께 동맹 휴학을 했다.

학생들은 이경채가 다시 학교에 다니게 해 주는 것은 물론이고 식민지 교육의 폐지, 교육 환경 개선, 조선어 교육 허용 등을 요구했다. 학교는 학부모들을 불러 아이들을 퇴학시키겠다고 위협했지만, 학부모들은 학생들이 제출한 격문을 보고 눈물을 흘리며 지지했다.

> 학부형 여러분! 우리의 동맹 휴학은 일제의 식민지 노예 교육 정책 밑에서 괴로워하는 400명 학도의 최후의 비명입니다. 학교 당국의 처사는 우리의 참다운 정신을 빼앗고 우리를 얼빠진 한낱 고깃덩어리로 만들려는 정책에 불과합니다.…… 눈앞의 내 자식 하나보다 이 민족과 강산이 더 소중하지 않습니까.

광주 학생들의 분노가 일시에 폭발한 사건은 이듬해 10월 30일에 일어났다. 광주로 통학하는 열차 안에서 광주중에 다니는 일본인 학생 후쿠다가 조선인 여학생 박기옥의 댕기를 잡아당기며 희롱했다. 이를 본 기옥의 사촌 동생 박준채는 피가 거꾸로 솟는 것을 느꼈다. 이를 악물고 분노를 가라앉힌 준채는 열차가 광주역에 도착하자 점잖게 후쿠다를 불러 이야기했다.

"너는 명색이 중학생인데, 어찌하여 야비하게 여학생을 희롱하는 것이냐?"

말이 끝나자마자 후쿠다의 입에서 욕이 튀어나왔다.

"뭐라고? 더러운 조센징 놈이 어디서 입을 놀려!"

조센징. 일본인이 조선인을 낮추어 부르는 말이었다. 광주고보의 일본인 교사들도 이 말을 입에 달고 살았다. 준채는 분노로 머리가 하얗게 비었다. 주먹이 날아갔고 후쿠다가 그 자리에 쓰러졌다. 광주역으로 쏟아져 나오던 조선인 학생과 일본인 학생들이 두 패로 갈려 주먹다짐을 시작했다.

연락을 받고 달려온 일본 경찰은 준채와 후쿠다를 모두 데려갔지만, 후쿠다는 타일러 돌려보내고 준채와 조선인 학생들만 꾸짖으며 범죄인 취급을 했다.

"오늘《광주일보》봤어? 우리 광주고보 학생들이 마치 아무런 이유도 없이 일본 놈들을 때린 것으로 보도되었다고!"

"뭐야? 이 친일 신문 같으니라고! 기자라는 작자가 기사를 이따위로 써도 되는 거야?"

며칠 뒤,《광주일보》를 함께 보다가 흥분한 학생들은 신문을 갈갈이 찢고 밟았지만 분이 풀리지 않았다. 그때 한 학생이 교실로 달려 들어왔다.

"준채가 정학을 당했대! 기한도 없다는군!"

"말도 안 돼! 후쿠다 그 녀석의 잘못은 아무도 모르는 거야?"

"이대로 있을 순 없어! 당장 왜놈들을 혼내 주자!"

　광주고보 학생들은 분노를 삭이지 못하고 시내 곳곳에서 일본인 학생들과 싸움을 벌였다. 그동안 쌓였던 억울함이 터져 나왔다. 광주와 목포의 학생 조직인 독서회는 이 사건을 계기로 대대적인 반일 시위를 준비했다.

　11월 3일, 일본의 최대 명절인 명치절(메이지 유신을 기념하며 일본의 번영을 기원하는 날)은 음력으로 따지면 10월 3일, 한민족의 역사가 시작된 개천절이기도 했다. 학생들은 학교에서 대대적으로 열리는 명치절 행사에서 묵묵히 고개를 숙이고 식민지 민족의 분노를 삭였다. 학교 행사가 끝나자 거리로 몰려나온 광주고보 학생들은 광주일보사로 가서 윤전기에 모래를 뿌렸다. 또한 명치절 축제를 즐기러 시내로 쏟아져 나온 광주중 학생들과 곳곳에서 싸웠다.

소식을 듣고 시내로 나온 광주고보 학생들 사이에서 '대한 독립 만세!'가 터져 나왔다.
　"조선어 교육을 실시하라!"
　"일본 학생과 차별하지 말라!"
　"일본인 교사는 물러가라!"
　광주 시내를 오가던 수많은 사람이 학생들의 구호를 따라 외쳤다. 뒤늦게 출동한 경찰들이 총을 쏘며 학생들을 체포했다.
　학교에는 휴교령이 내려졌고, 조선인 학생 70명, 일본인 학생 7명이 검거되었다. 사건의 불씨가 된 박준채를 비롯해 시위를 주도한 학생들이 모두 퇴학 처분을 받았고, 시위에 참가한 광주고보생 300여 명이 모두 정학을 당했다.

박준채
광주 고등 보통학교 2학년에 재학 중이던 1929년, 광주 학생 항일 운동을 이끈 주역이다.

박기옥과 이광춘
광주 학생 항일 운동의 도화선이 되었던 광주 여자 고등 보통학교 3학년 박기옥과 이광춘.

광주 학생 항일 운동 기념탑
광주 학생 항일 운동을 기념하기 위해 1954년, 광주 제일고에 세워졌다.

이 소식을 전해 들은 전국의 학생들은 광주 학생 운동을 지지하는 시위를 벌이며 동맹 휴학했다. 전국 194개 학교의 학생 5만 4000여 명이 전국 각지의 거리로 몰려나와 식민지 교육 폐지, 민족 차별 금지를 외쳤다. 신간회는 광주의 소식을 제대로 알리기 위해 노력했다.

　많은 학생이 학교에서 퇴학이나 무기정학 처분을 받았지만 굴하지 않았다. 학교를 나온 학생들은 농촌으로, 공장으로 들어가 일제의 식민 지배에 저항하는 운동을 계속해 나갔다.

　학생들은 농민과 노동자에게 새로운 사상과 한글, 영어를 가르치고 토론회와 강연회를 열어 조선의 현실에 대한 이야기를 나눴다. 3·1 운동 이후 해이해져 가던 독립운동은 학생들의 두려움 없는 외침으로 다시 불붙었다.

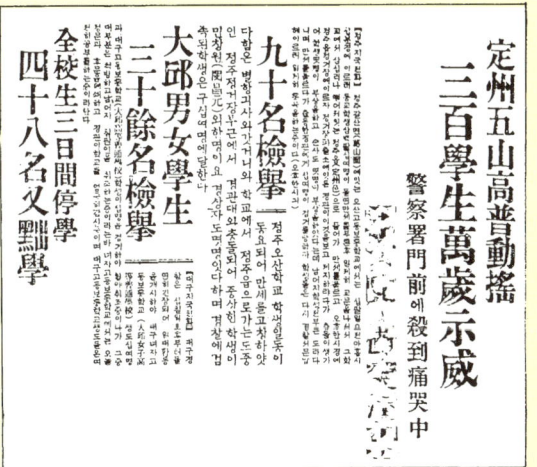

광주 학생 항일 운동이 전국으로 확산된 사실을 보도한 《동아일보》와 《중외일보》

경성, 인천, 원산, 진주 등 도시 이름과 배재, 중동, 이화, 인천 상업학교 등 학교 이름도 보인다. 광주 학생 항일 운동을 후원한 신간회 회원을 강제 연행한 사건도 보도하고 있다.

자유를 위해 산산이 부서지다

일제의 심장에 폭탄을 던진 나석주

1919년 11월, 만주 지린 성에서 김원봉을 중심으로 '의열단'이 조직되었다. 의열단은 독립운동가들이 민족주의와 사회주의로 갈려 서로 갈등하고 있을 때, 위기를 딛고 활발한 활동을 펼치고 있었다.

의열단은 파괴와 폭력이 일제를 무너뜨리는 데 가장 효과적인 방법이라고 믿었다. 그래서 일제의 고위층 인사나 일본에 협력하는 사람들을 암살하는 일을 매우 중요하게 생각했다. 일본과 관련된 기관의 건물을 폭파하는 것도 큰 임무였다. 의열단원들은 임무의 특성상 여럿이 함께 움직이는 것보다 몇몇이서 은밀히 행동을 추진하는 데 뛰어났다. 임무에 실패했을 때는 그 자리에서 죽을 것을 맹세했다.

독립운동이 지지부진하고 있던 때, 조선의 많은 젊은이가 스스로 목숨을 버릴 것을 결의하고 의열단원이 되었다. 나석주도 그중 한 명이었다.

스무 살 때부터 황해도에서 경찰들의 눈을 피해 주재소를 습격하거나 군자금을 모으던 나석주는 몇 해 전 상하이로 왔다가 톈진으로 가 의열단 활동을 하고 있었다.

"저를 써 주십시오. 저는 의열단원입니다. 저의 임무는 혈혈단신으로 적진에 뛰어들어 요인을 암살하고 기관을 파괴하는 일입니다. 이로써 조선의 독립에 한 발짝 다가서고 싶습니다."

김창숙을 만난 나석주는 한 치의 망설임도 없이 말했다. 나석주는 곧 작전을 지시받고 권총과 폭탄을 지닌 채 배편으로 한성에 들어왔다. 그는 식산 은행과 동양 척식 주식회사에 폭탄을 던져 타격을 주는 임무를

조선 식산 은행
일제 강점기에 일본이 조선에 세운 특수 은행이다. 조선 총독부의 식민지 산업을 지원하면서, 조선인에 대한 가혹한 착취와 약탈을 감행했다.

맡았다.

식산 은행은 일본인과 지주들의 돈을 모아 높은 이자를 받고 조선인들에게 빌려주는 방식으로 농민과 노동자를 괴롭히고 있었다. 동양 척식 주식회사는 토지 조사 사업 이후 조선인의 땅을 빼앗아 일본인에게 헐값에 넘기거나 총독부를 대신해 농업 정책을 실행하는 일을 주로 하고 있었다. 일본의 식민지 경영에 핵심적인 역할을 하고 있는 기관들이었다.

1926년 12월 27일, 유창한 중국어 실력을 갖춘 나석주가 중국인으로 변장하고 숭례문 근처에 있는 중국인 여관에 무사히 도착했다.

다음 날 오후, 나석주는 숭례문 옆에 있는 식산 은행으로 들어갔다. 오전에 미리 식산 은행과 동양 척식 주식회사에 들어가 상황을 살펴 둔 터였다. 식산 은행 정문으로 들어가자마자 그는 직원이 앉아 있는 책상 안쪽으로 폭탄을 던졌다. 그러고는 곧바로 발길을 돌려 동양 척식 주식회사를 향해 달려갔다. 하지만 그가 기다리고 있던 폭발음이 들리지 않았다. 불발이었다. 경찰들의 호각 소리가 들려왔다.

나석주는 재빨리 정문에 서 있던 수위를 권총으로 쏘아 쓰러뜨린 뒤 동양 척식 주식회사의 문을 열었다. 2층으로 올라가 폭탄을 던지고 탈출하는 것이 목표였다.

그는 2층으로 올라가는 길에 맞닥뜨린 직원들에게 총탄을 발사했다.

사람들이 쓰러졌다. 2층에 도달한 나석주는 총을 쏘아 대며 중앙의 사무실 문을 열고 폭탄을 던졌다. 그러고는 곧바로 발길을 돌려 계단을 뛰어 내려 왔다. 그러나 이번에도 폭발음은 들리지 않았다. 폭탄을 받아 보관하고 있던 6개월 동안 뇌관이 녹슬어 버린 모양이었다.

문을 열고 나온 나석주는 황금정(오늘날의 을지로 1가) 방향으로 달렸다. 사방에서 경찰들이 몰려들었다. 포위망을 좁혀 오던 경찰은 삽시간에 그를 몇 겹으로 둘러쌌다. 거리를 오가던 사람들이 놀라 길가로 비켜서서 웅성거렸다.

"손을 머리 위로 올려라. 따르지 않으면 발포하겠다!"

나석주의 머릿속에 인사도 제대로 하지 못한 가족들의 얼굴이 떠올랐다.

'아, 어머니……'

"총을 내려놓고 무릎을 꿇어라!"

경찰의 위협이 계속되었다.

'어머니, 저는 이렇게 후회 없이 살다 갑니다. 부디 건강하십시오.'

"2000만 조선 민중이여! 쉬지 말고 싸워라!"

나석주의 입에서 피맺힌 외침이 터져 나오자 총구가 불을 뿜었다. 총탄이 그의 가슴에 처참히 박혔다.

경찰은 쓰러진 나석주를 병원으로 옮겼고, 숨이 끊어지려는 그에게 주사를 놓아 의식을 회복시키고 이름을 물었다.

"나는…… 조선인…… 나…… 석주다……."

외마디를 남긴 채 그는 숨을 거뒀다.

일제의 주요 기관에 단신으로 뛰어들어 폭탄을 던지고, 조국의 독립을 위해 자신의 목숨을 내놓은 젊은이의 죽음은 《동아일보》에 크게 보도되었다. 나석주의 죽음은 서로를 탓하며 분열하고 있던 조선의 독립운동가들에게 큰 자극을 주었고, 조선의 민중은 조국 독립을 위한 젊은이의 희생을 가슴에 새겼다.

나석주의 의거를 다룬 신문 기사
《동아일보》는 나석주 의거를 상세히 보도했으며, 그의 투신은 침체된 독립운동에 큰 자극을 주었다.

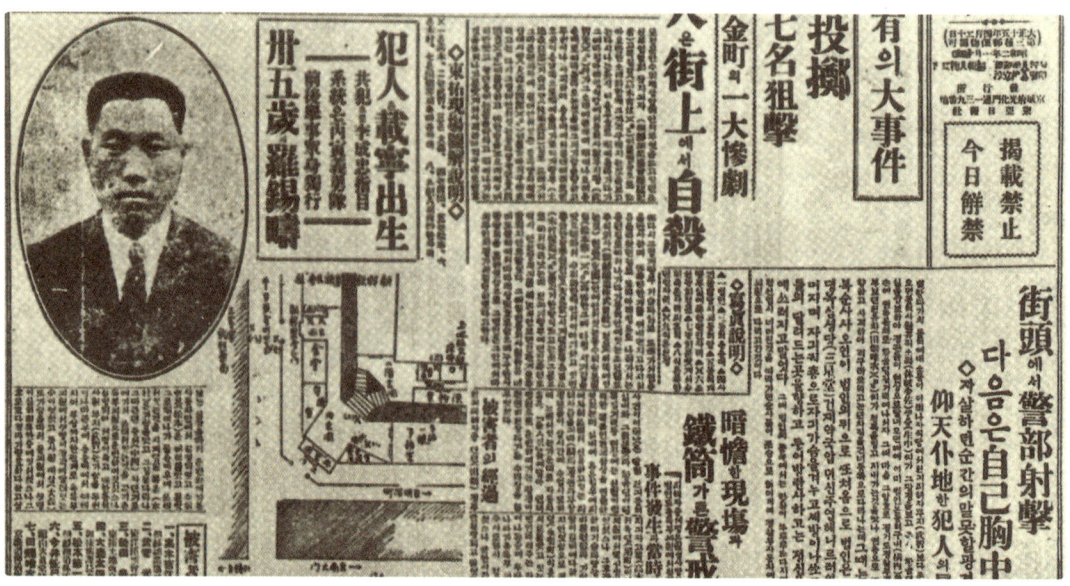

이봉창, 조국의 자유를 위해 죽다

"선서, 나는 진실된 마음으로 조국의 독립과 자유를 회복하기 위해 한인 애국단원의 일원이 되어 일제의 우두머리를 죽이기로 맹세하나이다."

이봉창은 선서문을 읽은 뒤 양손에 수류탄을 들고 만면에 웃음을 띠며 사진을 찍었다.

"자넨 뭐가 그리 좋아서 죽으러 가는 선서를 하고도 웃는가?"

사진을 찍던 이가 이봉창을 보며 쓸쓸한 목소리로 물었다.

"좋지 않습니까? 일본인이 되려고 그리 애를 쓰던 모자란 놈이 이렇게 한인 애국단원이 되어 진짜 사람으로 다시 태어났으니. 저는 그저 웃음만 나올 뿐입니다."

가난한 집에서 태어난 이봉창은 배곯지 않고 살아 보겠다고 열심히 일본어를 배웠다. 이를 밑천으로 일본인이 운영하는 상점에서 일하며 일본인의 양자가 되었고, 이름도 일본식으로 바꿨다. 그러나 겨우 취직한 공장과 회사에서는 일본인에 비해 임금도 훨씬 적게 받았을뿐더러 심한 차별 대우를 받았다. 천황의 행렬을 구경하다가 조선인이라는 이유로 끌려가 9일 동안이나 유치장에 갇힌 적도 있었다. 그는 아무리 노력해도 조선인은 조선인일 뿐, 식민지 조선에서 일본인처럼 여유 있는 생활을 한다는 것은 한낱 꿈에 불과하다는 사실을 깨달았다. 그 후에 이봉창은 제 발로 임시 정부를 찾아갔다.

김구는 사진을 찍는 이봉창을 바라보다가 그가 자신에게 처음 찾아왔을 때를 떠올렸다. 키도 크고 성격도 시원시원해 보이는 청년이 찾아와

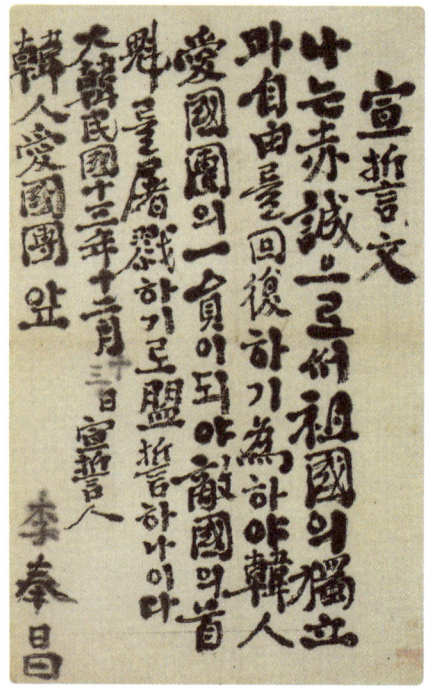

태극기 앞에 선 이봉창 의사와 선서문
1932년 1월 8일, 이봉창 의사가 일본 천황에게 폭탄을 던졌으나 실패했다. 그가 의거를 감행하기 전에 마지막으로 찍은 사진과 작성한 선서의 내용이다.

다짜고짜 절을 하더니 자기에게 폭탄을 달라고 했다.

"제가 천황 히로히토를 죽이겠습니다. 저에게 폭탄을 주십시오!"

뒷조사를 해 보니 이봉창은 출세하려고 일본인들 뒤를 쫓아다니다가 술집을 전전하며 술과 노름에 빠져 지내던 이였다. 이런저런 이유로 한인 애국단에 들어가는 것이 좌절되자 그는 눈물로 호소했다.

"그렇습니다. 저는 기노시타 쇼조로 지금까지 살아왔습니다. 일본인 눈에 들어 보려고 온갖 아부는 다 해 봤습니다. 하지만 그것이 얼마나 어리석은 짓인지 뼈저리게 느꼈습니다. 저는 이제부터 그동안 제가 못 본 척했던 조선인의 자유를 위해 살겠습니다. 부디 저를 받아 주십시오!"

한 달간 관찰 기간이 지난 끝에 이봉창은 드디어 한인 애국단원이 되었고, 그가 바라던 대로 천황의 마차에 폭탄을 던지는 임무를 받았다. 그리고 임무를 수행하기 전 마지막 모습으로 남을 사진을 찍는 자리에서 너무도 밝은 웃음을 띠고 있었던 것이다. 이를 보는 김구의 눈에 눈물이 스쳤다.

"선생님, 그러지 마십시오. 인생의 목적이 쾌락에 있다면, 세상의 쾌락은 제가 다 맛보았습니다. 이제 저는 영원한 쾌락을 위해 길을 떠나는 것이니, 웃는 얼굴로 저를 보내 주십시오."

1931년, 일본은 만주를 침략했다. 조선을 거쳐 대륙을 점령하려는 속내를 드러낸 것이다. 일본이 만주를 점령하면서 조선의 독립운동은 위기를 맞았다. 그동안 간도와 만주를 중심으로 활발히 펼쳐졌던 독립운동이 명맥을 유지할 수 없게 된 것이다. 조선인들이 오랜 세월 동안 가꿔 왔던 마을도 모두 무너지고, 독립군들은 중국 본토로 이동하거나 러시아 국경 지방으로 떠날 수밖에 없었다.

국내의 상황도 더욱 나빠져 갔다. 침체했던 독립운동에 새로운 힘을 준 신간회가 일제의 탄압과 내부 갈등을 이기지 못하고 해산했다. 원산 총파업과 암태도 소작 쟁의, 광주 학생 항일 운동 등으로 활기를 띠던 독립운동은 전쟁을 맞은 일제의 강경한 탄압으로 잦아들고 있었다.

상하이 임시 정부의 상황도 좋지 않았다. 외교를 통한 독립운동은 그 영향력을 잃은 지 오래였고, 일본의 탄압과 감시는 더욱 거세져 활동에 애를 먹고 있었다. 이런 때에 스스로 목숨을 버리겠다는 이봉창의 의지는 눈물겹도록 고마운 것이었다. 그의 용기는 많은 조선인에게 희망이 될 터였다.

한 달 뒤, 일본 도쿄의 경시청 앞은 천황의 마차 행렬을 구경하려는 사람들로 북적였다. 그 속에 이봉창이 있었다. 그는 눈을 빛내며 마차가

가까워지기를 기다렸다. 옷깃에 감춘 손에는 폭탄이 들려 있었다. 길 양편으로 경호원과 경찰, 군인이 완전 무장한 채 군중을 감시하고 있었다.

드디어 마차가 눈앞을 지나가려는 찰나, 이봉창은 손을 꺼내 마차에 폭탄을 던졌다. '펑!' 하는 폭발음과 함께 폭탄이 터졌다. 순식간에 경찰과 군인이 몰려들어 천황을 마차에서 내리게 했다. 다른 한 무리의 군인들은 이봉창을 둘러쌌다. 그는 가슴에서 미리 준비해 둔 태극기를 꺼냈다.

"대한 독립 만세! 대한 독립 만세!"

세 번째 만세를 외칠 때, 일본 군인들이 다가와 그를 바닥에 쓰러뜨리고 수갑을 채운 후 포박했다. 그런 뒤 곧바로 그를 끌고갔다.

"너의 배후가 누구냐? 너에게 이런 일을 시킨 자가 김구냐?"

일본 경찰의 말에 이봉창이 대답했다.

"어허! 나는 너희 천황이란 놈을 상대한 사람인데, 어찌 이렇게 무례하게 구는 거냐? 나는 너의 물음에 대답할 이유가 없다."

"너에게 폭탄을 주고 자금을 댄 자가 상하이의 김구 맞지? 왜 대답이 없는 거야!"

"나는 아무것도 대답할 수 없다. 재판도 받지 않겠으니 죽이든 살리든 네 맘대로 해라."

며칠 동안 가혹한 고문이 이어졌다. 몽둥이찜질은 기본이고 거꾸로 매달아 얼굴에 물을 붓는가 하면, 전기선을 연결해 감전시켜 충격을 주기도 했다. 하지만 이봉창은 지옥 같은 일들을 겪고도 기개를 꺾지 않았다. 일본 경찰은 조사와 재판을 거부하는 이봉창을 비밀 재판에 회부했고,

아무도 볼 수 없는 상태에서 사형을 집행했다.

일본의 수도인 도쿄에서, 그것도 치안을 담당한 경시청 앞에서 의거를 결행한 이봉창의 용기와 기백은 조선 민중과 해외의 독립운동가들에게 큰 힘을 주었다.

이재유, 조선 민중의 해방에 밑거름이 되다

"빨리 말해라. 이재유를 어디다 숨겼지?"

눈에 독기를 품은 조선인 경찰이 채찍을 휘두르며 소리를 질렀다. 여러 차례 들이부은 물에 온몸이 젖은 박진홍의 살갗에 다시 피가 맺혔다. 채찍을 맞은 자리마다 찢기고 부어올라 피가 흐르고 있었다.

"나는 모르오. 그가 누구인지도 모르는데, 그의 행방을 어찌 알겠소? 아무 죄 없는 사람을 끌어다 매를 때리는 것이 일본인의 법이오?"

"아무 관련이 없어? 공장에서 파업을 주도하고 경성고보 동맹 휴학도 네가 조종한 거 아냐? 조선 공산당을 다시 세우겠다고 활동한 걸 모르는 줄 알아? 남편 이재유 어딨냐고! 얼마 전에도 만났잖아!"

경찰이 박진홍의 뺨을 후려쳤다. 진홍은 반사적으로 배를 감싸며 앞으로 엎드렸다. 배 속에 있는 아이를 보호하려는 몸짓이었다. 고문은 오랫동안 밤낮으로 이어졌다. 혹독한 매질로 인해 기절했다가 깨어나는 것이 일상이 되었고, 겨우 감방으로 돌아와서는 피가 흘러 굳어진 상처를 보듬을 기력도 없이 쓰러져 신음을 토해 냈다. 그래도 남편의 행방을 실토할 수는 없는 일이었다.

박진홍과 이재유는 공산주의자였다. 어려서부터 조선인 노동자를 차별하고 학대하는 공장의 실태를 보고 자란 이재유는 노동자들이 일으키는 파업이 조선인의 삶과 조선의 독립에 꼭 필요하다고 생각했다. 사회주의자와 민족주의자 간의 갈등이 한창 심했던 1926년에 일본에 건너간 이재유는 그곳에서 조선 공산당 활동을 시작했다. 파업 현장을 찾아다니며 노동자들을 지원하고, 그들의 목소리에 귀를 기울였다. 일본 경찰이 그의 뒤를 쫓았고, 여러 번 검거되어 감방 신세를 지기도 했다. 결국 파업을 주도한 혐의로 검거된 이재유는 서울로 압송되어 경성 감옥에서 3년 넘게 수감 생활을 하고 1932년 12월에 출옥했다.

"노동자도 사람이다! 8시간 노동 준수하라!"

"조선인 학대를 금지하라!"

"조선인 노동자의 안전을 보장하라!"

공장을 점거하고 바닥에 앉아 구호를 외치고 있는 노동자들 사이에 이재유가 끼어 있었다. 벌써 공장의 일곱 번째 파업이었다. 이재유는 출옥 후

비밀리에 노동자들의 야학을 찾아다니며 파업을 계획했다. 여러 공장이 한꺼번에, 혹은 차례로 파업을 벌여 노동자의 권리를 찾고 조선의 독립을 요구하자는 계획이었다. 현장을 찾아다니며 노동자의 말에 귀를 기울이고, 그들의 눈물을 닦아 주며 함께 어려움을 나누던 이재유를 따르는 사람이 점점 많아졌다.

"자, 주먹밥이 다 되었나 봅니다. 절반으로 나누어 왼편의 동지들부터 배를 채웁시다. 밥은 먹고 싸워야지요!"

이재유의 장난 섞인 말에 노동자들의 굳은 얼굴에 미소가 돌았다. 파업을 준비하면서 동분서주하며 마련한 보리쌀은 파업한 노동자들에게 소중한 양식이 되었다. 노동자들은 서로의 등을 두드려 주며 주먹밥과 물을 나눠 먹었다.

"여러분, 여러분이 조선의 희망입니다. 우리의 싸움이 조선 독립의 소중한 씨앗이 될 것입니다.

조금만 더 힘냅시다. 저 일제의 모진 탄압에도 굴하지 말고 역사의 승리자가 됩시다!"

초라하지만 온기가 넘치는 식사를 마치고 다시 대열을 지어 앉은 노동자들에게 이재유가 힘 있는 목소리로 말했다. 노동자들은 박수와 함성으로 화답했다. 그들을 뒤로하고 이재유는 파업을 벌이고 있는 또 다른 공장으로 향했다.

연이어 벌어지는 파업에 총독부는 발칵 뒤집혔다. 1920년대 들어 시행한 민족 분열 정책이 성과를 거두고, 독립운동가들이 민족주의와 사회주의로 나뉘어 갈등하고 있는 것을 보며 만족해 하던 총독부였다. 얼마 전 광주에서 일어났던 학생들의 반일 시위를 겨우 진압하고 다시 끓어오르려는 반일 감정에 긴장하고 있었는데, 서울 한복판에서 연달아 파업이 일어나고 더불어 7개 학교에서 동맹 휴학이 시작되었다.

총독부는 온 경찰을 다 동원해 파업을 지도한 이재유를 잡으려고 했다. 하지만 위장술에 뛰어나고 발이 빠른 이재유를 번번이 놓치고 말았다. 서대문 경찰서에서는 이재유를 잡는 경찰에게는 엄청난 포상금을 주겠다고 공표하기도 했다.

쫓기는 이재유를 숨겨 준 사람은 경성 제국 대학의 일본인 교수 미야케였다. 그는 자기 집 응접실 탁자 아래에 토굴을 파고 이재유를 숨겨 주었다. 탁자 다리 바로 옆에 뚫은 좁다란 구멍만이 이재유를 바깥 세상과 연결시켜 주었다. 그는 캄캄한 밤에만 살짝 나와 밥을 먹고 체조로 몸을 풀었다. 토굴 속에서는 손전등을 비춰 가며 사회주의 관련 책을 읽었다. 좁다란 구멍으로 쪽지를 주고받으면서 미야케와 토론을 벌였다.

미야케는 조선 독립을 위해 용감하게 대규모 파업을 주도한 이재유를 존경해 마지않았다. 하지만 미야케는 결국 경찰에 끌려갔고, 이재유가 도망칠 시간을 벌어 주기 위해 만 하루 동안 모진 고문을 참았다.

토굴에서 나와 다른 동지의 주선으로 박진홍을 만난 이재유는 평범한 부부로 위장해 살았다. 동덕 여고를 다니다 동맹 휴학을 주도한 혐의로 퇴학당한 박진홍은 조선인 학생들의 독서회 활동을 비밀리에 조직하고 지도했다. 처음에는 위장한 부부였지만 함께 책을 읽고 토론하면서 서로에 대해 호감을 가진 두 사람은 정말 사랑하는 부부가 되었다.

그러나 박진홍이 다른 동지와 문서 교환을 위해 밖에 나갔다가 검거되자 이재유는 다시 도망쳐 경기도에서 평범한 농부로 위장해 2년 남짓 지내다가 결국 잡히고 말았다. 신출귀몰하게 경찰을 비웃던 이재유가 잡히자 경찰들은 기념 촬영을 하며 떠들썩하게 공로를 치하했다.

이재유는 감옥에 수감되어서도 '감옥에서 조선어를 사용할 수 있도록 허용할 것, 고문으로 다친 조선인들을 치료해 줄 것, 가혹한 고문을 금지할 것' 등을 요구하면서 여러 차례 단식을 벌이고, 다른 수감자들과 함께 동시에 감방 문을 두들겨 소음을 내는 등 투쟁을 벌였다.

6년의 형량을 채웠지만 이재유는 사회주의를 끝까지 포기하지 않았다는 이유로 석방되지 못하고 결국 1944년, 해방을 코앞에 두고 감옥에서 생을 마쳤다. 그러나 평등한 세상을 향해 나아간 그의 발자국은 지금도 자랑스럽게 남아 있다.

세계 속의 한국인

여성, 인간의 길을 찾다

조선의 여성들이 달라졌다. 그들은 이제 아버지와 남편, 아들의 뜻에 순종하며 조용히 안방을 지키던 예전의 그들이 아니었다. 이미 1800년대 말부터 많은 여성이 학교에 다녔고, 선교사의 도움을 받아 외국으로 유학을 다녀온 뒤 의사나 교사 등 전문직을 갖고 사회 활동을 하는 사람도 많았다. 댕기를 드리우던 머리채를 잘라 버리고 단발머리를 하거나 서양식으로 틀어 올렸고, 발목이 드러나는 치마에 하이힐을 신고 당당히 거리를 누볐다. 공장에서는 수많은 여성 노동자가 직업인으로 열심히 일하고 있었다.

날이 어슴푸레 밝아 오는 평양, 바쁘게 새벽길을 오가던 사람들이 난생 처음 보는 광경에 눈을 휘둥그레 뜨며 을밀대 앞에 모여들기 시작했다. 한 여자가 11미터쯤 되는 을밀대 지붕 위에 올라 앉아 있는 것이 아닌가. 이 기묘한 광경을 구경하려고 사람들이 점점 더 많이 모이기 시작했고, 신문 기자들도 도착했다. 드디어 여자가 입을 열었다.

"나는 평양 고무 공장에서 일하는 사람이올시다. 내가 이렇게 높은 곳에까지 올라 여러분께 말하고 싶은 것이 있습니다. 우리 공장에서는 얼마 전 여자 노동자의 임금을 상의도 없이 절반 수준으로 깎아 버렸소. 우리는 죽기를 각오하고 동맹을 맺어 항의했지만 공장은 우리를 헌신짝처럼 쫓아냈소. 우리가 받는 돈이 줄어든 것은 여러분께는 아무 일도 아닐 것이나, 이는 곧 평양의 2300명이 넘는 고무 공장 노동자의 임금을 깎아 버리려는 계책이올시다. 나는 이를 죽기로 반대하려고 광목 한 필로 밧줄을 사 이곳까지 올라왔

을밀대 지붕 위에서 항의하는 강주룡
부당하게 임금을 깎이고 해고까지 당한 노동자의 사정을 사람들에게 알렸다.

소. 구태여 나를 끌어내리려고 하지 마시오. 누구든지 이 지붕에 사다리를 대기만 하면 난 떨어져 죽어 버리겠소."

대책을 요구하며 9시간을 버틴 여자의 이름은 강주룡, 평양의 고무 공장 파업을 주도한 여성이었다.

이제 여성은 남녀가 평등하다는 것을 주장하며 그에 걸맞은 대우를 요구했고, 당당히 직업을 갖는 것이 옳다고 생각했다. 민주주의와 사회주의 등 새로운 사상도 배웠고, 여성도 권리를 가진 인간임을 깨달아 갔다. 전국 곳곳에 여성들을 위한 야학과 강습소도 세워졌다. 그동안 '누구의 딸, 누구의 아내, 누구의 어머니'로 불렸던 여성들도 교육을 받으며 자신의 이름을 되찾아 갔다.

"여성도 인간이외다. 자기를 잊지 않고서야 남을 진심으로 사랑할 수 있을 것이요, 자기를 잊지 않는 가운데 여성의 해방·자유·평등이 다 있는 것입니다."

조선 최초의 여류 화가로 불리는 나혜석의 말처럼, 여성도 자신을 사랑하며 자유를 누릴 수 있어야 한다는 생각이 많은 사람에게 퍼져 나갔다.

《신여성》
여성 교양을 위한 논문이나 문학 작품을 주로 실었으며, 1923~1934년까지 모두 38회에 걸쳐 발행되었다.

나혜석
서양화가이자 시인, 소설가로 활동했으며 봉건적인 관습에 맞서 여권 운동을 벌였다.

새로 등장한 여성의 직업
신여성은 경제적으로 남성에 의지하지 않아야 한다고 생각했다. 그러면서 서서히 여성들의 직업도 다양해졌다.

1935년
1936년 　손기정, 베를린 올림픽 대회 마라톤 우승
1937년 　중·일 전쟁 발발
1938년 　한글 교육 금지

1940년
1940년 　일제, 창씨개명 시행
　　　　　광복군 창설
　　　　　《동아일보》,《조선일보》 폐간

3
고통의 기억을 넘어 해방의 길로

1942년
- 1942년 조선어 학회 사건 일어남
- 1944년 여운형, 건국 동맹 조직
- 1945년 해방

1941년
- 1941년 일본, 미국 진주만 습격
  태평양 전쟁 발발
  대한민국 임시 정부, 일본에 선전 포고

조선을 덮친 전쟁의 먹구름

황국 신민이 되는 길

1937년 어느 날, 한 보통학교의 모든 학생이 한 치의 어긋남도 없이 정확히 열을 지어 운동장에 서 있었다. 손에 몽둥이 하나씩을 든 일본인 교사들의 눈이 살벌한 빛을 띠고 아이들을 노려보고 있었다. 단상에 서 있는 한 교사의 구령에 따라 아이들은 일제히 〈황국 신민의 서사〉를 외우기 시작했다.

> 이찌 와레라와 고-고구 심민나리 쥬-세이못데궁고구니호-젱
> 니 와레라 고-고구 심민와
> 다가이니 싱아이 교-료구시 못데당게쓰오가다구생
> 상 와레라 고-고구심민와
> 닝꾸단렝지가라오야시나이 못데고-도-오셍요-생

한 달 전쯤, 학교에서 나눠 준 전단지에는 한글로 이렇게 적혀 있었다. 아이들은 무슨 말인지도 모르고 그저 외웠다. 수업 시간마다 교사들이 들어와 지적하면 벌떡 일어나 이 글을 외워야 했는데, 만약 조금이라도 틀리면 어김없이 교사의 손찌검이 날아들었다. 그 뜻은 이랬다.

> 우리는 황국 신민이며 충성으로써 군국(君國, 천황과 국가)에 보답하자.
> 우리 황국 신민은 서로 신애 협력해 단결을 굳게 하자.
> 우리 황국 신민은 인고 단련의 힘을 양성해 황도(皇道, 천황의 도)를 선양하자.

일장기 앞에서 〈황국 신민의 서사〉를 외우는 교사와 학생들
일제는 조선 사람도 천황의 충성스러운 백성이 되어야 한다며 〈황국 신민의 서사〉를 외우라고 강요했다.

일본어 사용을 권장하는 포스터
황국 신민화 정책은 조선 민족 말살을 꾀했다.
일제는 일본어를 '국어'라 부르며 공용어로 만들었다.

1937년, 일본은 중·일 전쟁을 일으켰다. 드디어 조선을 점령하고 대륙으로 진출할 기회를 호시탐탐 엿보던 일본이 중국과 전면전을 시작한 것이다. 전쟁을 시작한 일본은 조선을 전쟁 기지로 만들려는 계획을 세웠고, 이를 위해 조선의 모든 사람을 천황에게 충성하는 일본인으로 만들고자 갖은 방법을 다 동원했다.

〈황국 신민의 서사〉는 천황에게 충성을 맹세하는 글이었다. 날마다 아침이면 모든 학교에서 이것을 외웠고, 어른들도 하루 일과에 앞서 이를 소리 높여 외우지 않으면 경찰에 끌려가 처벌당했다.

"휴우~"

자칫 실수할까 봐 아침에 눈뜰 때부터 긴장하고 있던 도형이는 한숨이 절로 나왔다. 실수하면 그날은 하루 종일 매질을 당하며 정신 교육을 받아야 했다.

조회가 끝나자 교사들은 학생들을 두 줄로 세워 신사를 참배하러 떠났다. 오늘은 매달 1일마다 있는 '애국일'로, 전교생이 함께 신사 참배를 하는 날이다.

"이찌 니, 이찌 니!"

반장의 구령에 따라 절도 있는 동작으로 행진을 시작했다. 작년 말에 새로 단장한 신사는 아침 일찍부터 나와 주변을 청소하는 동네 어른들 덕분에 더 깨끗해 보였다. 샘물에 손을 씻고 차례로 두 손을 모으고 허리를 굽혀 신사를 향해 기도하는 시늉을 했다. 도형이는 신사 참배가 영 못마땅했다. 어려서부터 어머니와 함께 다니던 교회에서 신사 참배가 우상을 숭배하는 것이라 배웠기 때문이다.

신사는 일본 천황의 조상을 신으로 모셔 놓은 곳이니까 하느님을 믿는 도형이 절을 하는 것은 이치에 맞지 않았다. 그러나 몇 달 전, 갑자기 교회에서 신사 참배를 권하기 시작했다. 분명 총독부에서 어떤 위협을 했겠지만, 그래도 교회가 그동안 가르치던 것을 통째로 뒤집었다는 것 자체가 기분이 나빴다.

지난해에는 평양의 숭실 학교와 숭의 여학교가 종교적 신념을 저버릴 수 없다며 신사 참배를 거부하다가 스스로 학교 문을 닫았다는 이야기를 들었다. 그 학교의 목사와 학생들은 이후 경찰에 끌려가 고생을 많이 했다고 어머니가 말씀하셨다.

남산 조선 신궁
일제가 식민 지배의 상징으로 오늘날의 남산 식물원 자리에 세운 조선 신궁이다. 일제는 원래 그 자리에 있던 조선 국사당을 없애고 일본 천황의 조상에게 제사를 지내도록 강요했다.

조선 이름을 버리고 일본 이름을 써라

"가네하라 도료!"

"하잇!"

중학교의 아침은 출석 점호로 시작되었다. 이제 도형의 이름은 가네하라 도료가 되었다. 총독부는 1939년에 조선인의 이름을 일본식으로 고칠 것을 명령했다. 도형의 아버지는 분노했다. 조선인이 중시하는 혈통과 가문을 송두리째 흔들어 놓으려는 일본의 의도를 읽은 것이다.

"이건 말도 안 된다. 이제 아예 조선인을 일본인으로 만들려는 거다. 나는 창씨개명 따윈 할 수 없다!"

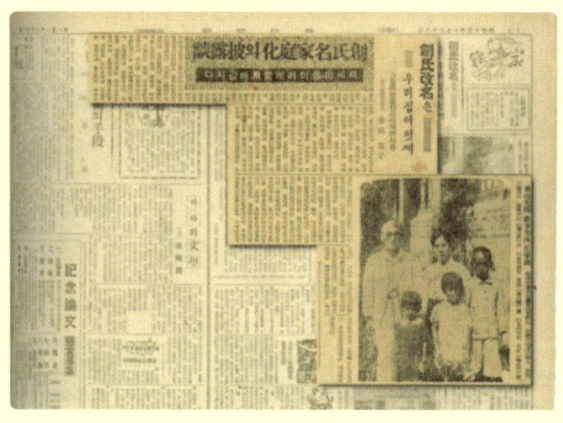

창씨개명을 선전하는 신문 기사
'가야마 미쓰로'로 개명한 이광수의 가족 전체가 창씨개명에 솔선수범하고 가정 안에서도 일본어를 사용하고 있음을 선전하고 있는 《매일신보》 기사이다.

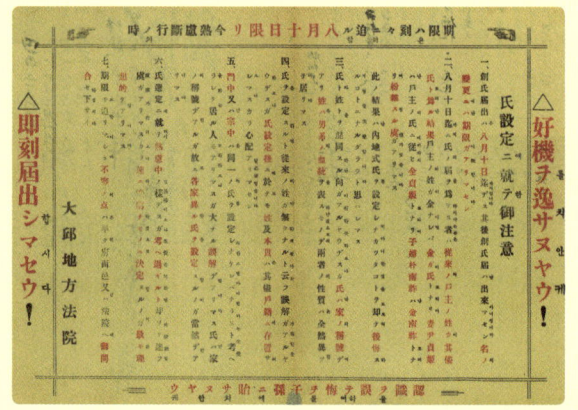

창씨개명을 촉구하는 전단
1940년 8월 10일까지 창씨개명 등록 서류를 법원에 제출할 것을 사람들에게 촉구하는 전단이다. 1940년에 대구 지방 법원에서 발행했다.

　도형의 아버지는 어느 날 저녁, 가족들을 모아 놓고 이렇게 말했다. 도형은 아버지의 뜻에 따를 수밖에 없었다. 그러나 창씨개명을 하지 않은 대가는 도형과 도형의 형에게 돌아왔다. 중학교 입학을 앞두고 있던 도형은 갑자기 입학 불가 통지서를 받았다. 입학 시험 성적이 좋지 않다는 것이 이유였지만, 일주일 전만 해도 분명 입학할 수 있다는 연락을 받았다. 중학교에 다니고 있던 도형의 형은 낙제를 했다. 성적이 우수해 항상 우등생 표창을 받던 형이었다. 낙제를 한 형은 정신 교육을 받아야 했고, 온몸에 멍이 들 정도로 매를 맞고 집으로 돌아왔다.

　할 수 없이 도형의 아버지는 창씨개명을 했다. 성인 김(金) 뒤에 원(原)을 붙여 '가네하라(金原)'라는 일본식 성씨를 만들었고, 이름은 그대로 썼다. 도형의 이름은 이제 '가네하라 도료(金原道亨)'가 된 것이다. 창씨개명 등록을 하자마자 도형은 중학교에 무사히 진학할 수 있었다.

3 고통의 기억을 넘어 해방의 길로 · 143

중학생이 된 지 얼마 지나지 않아 곧 학교에 흉흉한 소문이 퍼졌다. 일본이 미국을 공격할 것이고, 그러면 학생들도 전쟁터에 끌려갈 것이라는 이야기였다. 이런 소문이 퍼지자 학교는 더 살벌해졌다. 아침마다 외우던 〈황국 신민의 서사〉를 하루에도 몇 번씩 외우고, 일장기 앞에서 충성을 맹세하는 횟수도 늘어 갔다. 군복을 입고 총을 든 채 시행하던 군사 훈련도 더 자주 격렬하게 치렀다. 전교생이 산에 가 비행기 연료로 쓸 송진을 모으거나 곡식 가마니를 짜기도 했다.

 이런 활동에 조금이라도 불만을 가지면 '비국민'이라는 낙인이 찍혔다. 비국민이 되면 전교생 앞에서 비난을 받고 사사건건 불려 나와 매질을

전쟁 참여를 격려하는 포스터
일본은 태평양 전쟁을 일으키면서 국민 모두를 전쟁에 참여시키려고 했다. 식민지 조선 사람들도 예외는 아니었다.

당해야 했다. 천황의 충성스러운 백성이 되지 못한 죄를 씻을 수 있는 길은 그것뿐이었다.

1941년에는 학교에서 조선말이 사라졌다. 조선어 시간이 아예 폐지되었고, 수업 시간은 물론 일상생활에서도 조선말을 사용하면 끌려가 맞거나 처벌을 받았다. 완벽한 일본인이 되기 위해 조선어를 잊으라고 강요했다. 모든 관청에서도 조선어를 쓰지 않았고, 조선어를 쓰는 사람은 아예 일을 볼 수가 없었다.

총독부는 이제 드디어 열등한 조선 민족이 진정한 일본인으로 다시 태어났다고 선전했다. 천황의 은혜를 입었으니 그 은혜에 보답해야 한다고 떠들었다. 진정한 일본인에게 가장 큰 영광은 전쟁터에 나가 천황을 위해 죽는 것이었다.

조선으로 몰려오는 전쟁의 먹구름

일본이 시작한 전쟁은 더욱더 심해지고 있었다. 중·일 전쟁으로 중국 상하이를 점령한 일본은 중국 남부를 차지하며 계속 공격을 퍼부었고, 온갖 무기와 수많은 군사를 동원했다. 중국도 만만치 않은 기세로 일본에 계속 저항했다. 새로운 전기가 필요했던 일본은 1939년에 독일, 이탈리아와 동맹을 맺고 더 큰 전쟁에 뛰어들었다. 제2차 세계 대전이 시작된 것이다.

전 세계는 전쟁의 소용돌이에 빠져들었다. 끊임없이 새로운 무기가 개발되고 점점 더 많은 사람이 전쟁터에 나가 목숨을 잃었다. 어린이와 여성들도 무차별 폭격을 피할 수는 없었다.

　1941년, 일본은 드디어 선전 포고도 없이 미국의 진주만을 기습했다. 세계 최강의 전력을 가진 미국을 상대로 전면전을 선포한 것이다. 미국과 일본의 전선은 태평양의 아름다운 섬나라와 동남아시아의 밀림 지대로 확대되었다. 천상의 아름다움을 자랑하던 섬과 태고의 신비를 간직한 평화로운 밀림은 일본과 미국 전투기의 폭격에 무참히 파괴되었다.

　일본의 전쟁은 조선에 먹구름이 되어 다가왔다. 이제 조선은 일본의 전쟁 기지가 되어 물자와 사람을 끝없이 실어 날라야 했다. 몇 년 전부터 총독부가 외쳤던 황국 신민화 정책은 바로 이를 위한 것이었다.

　조선의 농촌에서는 다시 쌀 생산량을 늘리기 위한 사업이 시작되었다. 일본인 경찰들이 지켜보는 가운데 농사를 짓고 추수를 했다. 생산량을 늘리는 데는 한계가 있었지만, 예정된 수확량을 달성하지 못해도 정해진

양을 걸어 갔다.

　일본군에게 필요한 쌀은 마을 단위로 책정되어 내려왔는데, 이 양을 채우지 못하면 마을 사람 전체가 처벌을 받았다. 이를 '공출'이라 했다. 쌀은 헐값으로 일본으로 넘어갔고, 그 값은 국가를 위해 저축해야 한다는 명목으로 농민들의 주머니에는 들어가 보지도 못하고 사라졌다.

　한 달에 하루씩 청결일을 정해 놓고 경찰들이 모든 집을 수색하는 날도 있었다. 청결을 위해 필요한 것이라 둘러댔지만, 사실은 숨겨 놓은 양식을 찾아내거나 숨은 사람을 찾아내기 위해서였다.

　전쟁에 필요한 것은 쌀만이 아니었다. 무기의 재료로 사용할 수 있는 쇠붙이도 공출했기 때문에 집집마다 부엌에서 사용하던 무쇠솥을 빼앗겼고, 나중에는 놋으로 만든 밥그릇이나 숟가락, 젓가락까지도 내놓아야 했다. 군복을 만들기 위해 면화도 수확하는 대로 모두 공출했다.

금속류 공출
일제는 무기의 재료로 쓸 수 있는 쇠붙이도 공출했다. '구리나 철을 남기는 것은 부끄러움을 남긴다.'
'결전 아래 금속류 공출을 앞장서서 실행하자.'는 표어가 걸려 있다.

우세한 미국의 공격으로 수세에 몰린 일본은 부족해진 병사를 채우기 위해 조선인을 군사로 데려가기 시작했다. 식민지 사람에게 무기를 주어 전쟁터로 내보낸다는 것은 일본으로서는 모험이었지만, 급히 필요한 군사를 모으기 위해서는 어쩔 수 없었다. 병사로 지원해 전쟁터로 떠나는 것은 열등한 조선인이 자랑스러운 일본인이 되는 가장 확실한 방법이라 선전했다. 진정한 황국 신민으로서 국가와 천황에게 충성을 증명하기 위한 행동이라는 것이다.

또한 일본이 벌인 전쟁은 동아시아의 번영을 위한 '대동아 전쟁'이며, 일본인, 중국인, 조선인이 모두 나가 미국과 싸워야 하는 성스러운 전쟁이라고 주장했다. 이런 선전을 하기 위해 많은 친일 인사가 동원되었다.

징병을 홍보하는 엽서와 징병자들을 환송하는 시가 행진
징병에 나가는 조선인 청년과 배웅하는 부모의 모습을 그린 징병 홍보 엽서이다. 일제는 조선의 청년들을 강제 징집해 전쟁터로 내몰았다.

지식인으로 이름난 수많은 조선인이 앞장서 전쟁에 참여하라고 외쳤다.

이화 여전 교수였던 김활란은 이렇게 주장했다.

"이제야 기다리고 기다리던 징병제라는 커다란 감격이 왔다.…… 지금까지 우리는 나라를 위해 귀한 아들을 즐겁게 전장으로 보내는 내지(일본)의 어머니들을 물끄러미 바라만 보고 있었다.…… 이제 우리도 국민으로서의 최대 책임을 다할 기회가 왔고, 그 책임을 다함으로써 진정한 황국 신민으로서의 영광을 누리게 된 것이다."

그뿐 아니라 김활란은 조선의 청년들을 전쟁터로 내몰 것을 설득했다.

"우리는 아름다운 웃음으로 내 아들이나 남편을 전장으로 보낼 각오를 해야 한다. 따라서 만일의 경우에는 남편이나 아들의 유골을 눈물도 흘리지 않고 조용히 맞아들일 마음의 준비를 해야 한다. 이제 우리에게도 국민으로서의 최대 책임을 다할 기회가 왔고, 그 책임을 다함으로써 진정한 황국 신민으로서의 영광을 누리게 된 것이다."

3·1 운동 당시 〈독립 선언문〉을 썼던 최남선도 조선의 청년들에게 전쟁터에 나갈 것을 권유했다.

"국가에 충성을 다하고 대동아 성전에 참여하는 것은 우리의 혼을 일깨우는 일이다."

홍난파는 일본을 위한 군가를 지었고, 이광수는 전국을 돌며 지원병을 모으는 연설을 했으며, 서정주 또한 출정하는 병사를 칭송하는 시를 지어 발표했다.

천재 소설가로 한때 임시 정부에서 일했던 이광수는 '내선일체'에 대해 이렇게 주장했다.

"나는 지금에 와서는 이러한 신념을 가진다. 다시 말해 조선인은 조선인이라는 사실을 완전히 잊어야 한다고. 아주 피와 살과 뼈가 일본인이 되어 버려야 한다고. 이 속에 진정으로 조선인이 영원히 사는 유일한 길이 있다고. 그러므로 조선인 문인이나 문화인은 첫째로 자기를

내선일체를 선전하는 엽서
일제는 중·일 전쟁 이후 조선을 전쟁 기지로 만들기 위해 '일본과 조선은 한 몸'이라는 뜻의 '내선일체' 구호를 만들어 선전했다.

일본화하고, 둘째로는 조선인의 전부를 일본화하는 일에 온 힘을 다하고, 셋째로는 일본의 문화를 높이는 문화 전선의 병사가 되는 데 최선을 다해야 한다. 그래야 조선 문화의 미래가 밝을 것이다. 이러하기 위해 '내선일체'를 이뤄야 함을 나는 믿는다."

징용자들의 선서식
일제는 전쟁에 필요한 노동력을 보충하기 위해 조선인을 강제 노동에 동원했다. 먼 타국의 공장이나 탄광으로 떠나는 조선인이 많았다.

친일 조선인들은 일본의 조선 통치가 영원할 것이라고 믿었다. 그 속에서 살아남는 길은 오직 일본을 위해 헌신하고 조선인이라는 자신의 존재를 버리는 것이라고 믿었다.

조선은 전쟁의 미친 바람에 휩싸여 갔다. 충성을 맹세하며 전쟁터로 떠나는 젊은 남자들이 있었고, 전쟁터에 도로를 닦거나 비행장을 만들기 위해 강제로 끌려가는 노동자도 많았다.

임금을 많이 주겠다는 거짓 선전에 속아 먼 타국의 공장이나 탄광으로 떠나는 어린 소녀와 젊은 청년도 있었다. 어머니의 눈물 어린 만류를 뿌리치고 떠나는 이들은 자신이 곧 죽게 되리라는 것을 꿈에도 생각하지 못했다.

전쟁의 화염 속에 불타 버린 내 청춘

피어 보지 못하고 짓밟힌 꽃

(일본군 위안부로 끌려갔던 이옥분 할머니의 증언을 바탕으로 쓴 글입니다.)

"야, 네가 옥분이니? 저기서 아버지가 바둑 두고 계시던데, 널 좀 불러 달라고 하시더라. 어서 가자."

옥분은 아버지가 부르신다는 말에 고무줄놀이를 그만두고 냉큼 일본인을 따라나섰다. 도착한 곳은 어느 건물 골방이었고, 문을 열고 들어가니 옥분이 또래의 여자아이가 둘 더 있었다. 아버지가 보이지 않아 문을 열고 다시 나가려고 했는데, 이미 문이 잠겨 있었다. 겁이 덜컥 나서 문을 주먹으로 두드리며 아저씨를 다시 불렀지만 아무 소리도 들리지 않았다.

그렇게 석 달이 흘렀고, 여자아이는 모두 5명으로 늘었다. 옥분이는 동무가 된 다섯 아이와 함께 부산으로 실려 가 배를 탔다. 그때 나이가 열두 살이었다.

배를 타니 30명도 넘는 여자들이 더 있었다. 옥분이를 데려온 남자는 여자들에게 이제 일본으로 가면 일본 공장에 취직도 시켜 주고 돈도 벌게 해 준다고 말했다.

일본 시모노세키의 한 집에 도착하자 남자는 주먹밥을 주면서 일본 말을 잘 배우면 좋은 곳에 취직시켜 준다고 다시 한 번 약속했다.

'이왕 이렇게 된 거, 열심히 일본 말 배워서 돈을 벌자. 그 돈을 고향에 보내면……'

김순덕 할머니가 그린 〈끌려가는 날〉
'일본군 위안부' 생활을 강요당했던 여성들은 일본 군인들의 모진 학대를 견뎌야 했다. 망가진 몸과 마음의 상처는 세월이 지날수록 더 모질게 일본군 위안부 할머니들을 괴롭혔다.

옥분이의 마음속에는 희망이 다시 생겨났다. 배를 곯아 기운이 없고, 고향 집의 모습이 밤마다 그리웠지만 참기로 했다.

일본에서 다시 큰 배를 타고 며칠이 지나자 대만에 도착했다. 옥분이는 여기에 공장이 있나 보다 생각했다. 40명쯤 되는 여자들이 도착한 곳은 '쇼카 위안소'라고 쓰여 있는 나무 집이었다. 금방이라도 일을 하게 될 것 같아 기분이 좋았지만, 주인은 옥분이를 보더니 너무 어리다고 빨래와 청소 같은 일부터 시켰다. 하지만 다른 언니들이 무슨 일을 하게 될지 알려 주진 않았다. 얼마 뒤 옥분은 일본인 경찰 부장의 집에 식모로 들어갔다.

어느 날 집에서 혼자 빨래를 하고 있는데 일본 군인들이 트럭을 타고 와서 옥분이를 데리고 나가 산길로 한참을 갔다. 도착한 곳은 '고웅 특공대'라고 쓰인 곳이었다. 그곳에 소학교 건물이 있었는데, '특공대 위안소'라 쓰여 있었다.

군인이 방 하나를 가리키면서 "네 방이니 들어가라."고 했다. 옥분이가 영문을 몰라 들어가 보니 한 명이 누우면 꽉 찰 만한 방에 담요 두 장과 세숫대야, 휴지가 있었다. 점심시간이 되니 군인이 찾아와 주먹밥 하나를 주었다. 배가 고파 주먹밥이 어디로 들어가는지도 모르게 허겁지겁 먹었다. 문밖에서 웅성대는 소리가 들리기 시작했다. 문을 열고 나가려는데 군인 하나가 문을 열고 들이닥쳤다. 옥분이는 너무 놀라고 무서워서 구석으로 도망쳤지만 억센 군인의 손이 옥분이를 잡아챘고, 강제로 옷을 벗겼다. 정신이 아득해졌다.

"살려 주세요. 제발 살려 주세요!"

옥분이는 가슴을 부여안고 간절하게 소리쳤지만, 정신을 잃을 정도로 세게 따귀를 맞았을 뿐이다. 30분가량 이어진 폭력에 옥분이는 자기가 무슨 일을 당하고 있는지 알 수 없었다. 정신을 차려 보니 아랫도리에 피가 흥건했고, 참을 수 없을 정도로 아팠다. 하지만 몸을 닦을 새도 없이 또 다른 군인이 방문을 열었다.

지옥 같은 하루하루가 흘러갔다. 하루에도 수십 차례 성폭행을 당해야 했다. 감시가 심해 방문을 열고 나갈 수도 없었다.

언제부터인가 옥분이는 '하루코'라 불렸다. 새벽에 단무지 반찬 하나에 밥을 먹고 방에 들어가면 저녁밥을 먹는 6시까지 방에서 나올 수 없었다. 먹은 것이 없는 데다가 수없이 이어지는 성폭력으로 여자들은 병들어 갔다. 아픈 사람들은 군인들이 트럭에 싣고 어디론가 데려가 버렸다. 옥분이와 여자들은 몰래몰래 몸이 아픈 친구들에게 자기 밥을 조금씩 덜어 주었지만, 이걸 들키면 모두 맞았다.

군인들은 표를 주었지만 이 표는 모두 위안소의 군인들이 관리했고, 돈은 한 푼도 받을 수가 없었다. 병에 걸리면 주사를 맞았는데, 너무 독해서 며칠 동안은 움직일 수도 없었다.

나중에 전쟁이 더 심해지자 옥분이를 비롯한 위안부들은 트럭에 실려 군대를 따라 이리저리 끌려다녔다. 밥은 하루 한 끼도 먹기 힘들었고 성폭행도 더 심해졌다. 하루는 몰래 빠져나가 바다에 빠져 죽으려고 했지만, 죽을 엄두가 나지 않아 돌아온 일도 있었다. 옥분이는 이를 갈며 생각했다.

'내가 여기서 살아 나가면 너희 일본놈들을 다 잡아먹고 말 테다.'

고통의 나날이 이어지던 어느 날, 조선이 해방되었다는 소식이 들려왔다. 옥분이는 벌써 스물한 살이 되었다. 일본 군인들은 급히 이것저것 챙겨 떠나기 시작했다. 이 틈에 도망을 친 여자들도 있었고 몇몇은 일본군들이 끌고 가 버렸다. 끌고 간 여자들은 산속에서 죽임을 당했다는 이야기가 들렸다. 옥분이는 사리원에서 왔다는 여자와 함께 위안소 바닥에 있는 구덩이 속에 숨어 지내다가 나와 마을을 찾아서 며칠을 걸었다.

바닷가에 다다랐을 때 배가 한 척 지나가길래 웃옷을 벗어 흔들었다. 그러자 배에서 미군 옷을 입은 조선인이 내려와 옥분이를 데리고 갔다.

일본군 위안부 문제 해결을 위한 수요 시위와 평화의 소녀상
1992년부터 매주 일본 대사관 앞에서 열린 시위는 2011년 12월 14일로 1000회를 넘겼다. 세계에서 가장 오래 열리고 있는 시위이다. 동상은 1000회 때 세워진 평화의 소녀상이다.

배 안에는 조선 사람이 많이 있었다. 모두 포로 수용소에 있었다고 했다.

나흘 동안 배를 타고 이동해 부산에 도착했다. 열두 살에 끌려가 9년 만에 밟아 보는 조선 땅이었다. 옥분이는 기차를 타고 울산에 있는 고향 집으로 갔다.

고향 집에 들어서니 어머니가 빨래를 널고 계셨다.

"어머니, 저예요, 옥분이에요! 제가 돌아왔어요!"

어머니는 옥분이를 알아보지 못하셨다. 옥분이가 목에 있는 점을 보여 드리자 그제야 딸을 부여안고 통곡하기 시작했다.

옥분이는 그동안 어떻게 살았는지 차마 가족들에게 말할 수가 없었다. 그래서 공장에서 일을 하다 왔다고 했다. 그 후 옥분이는 식당 일도 하고 식모살이도 하면서 살아갔다. 하지만 평생 자기 몸에 새겨진 그 고통스러운 날들을 한시도 잊을 수 없었다.

캄캄한 광산에서 어머니를 그리며
(강제 노동에 끌려갔던 정이도, 김상국 할아버지의 증언을 바탕으로 쓴 글입니다.)

이른 아침, 집에 면사무소 사람들이 들이닥쳤다. 일본 미쓰비시 탄광에서 일꾼을 모집하러 왔으니 남자가 둘 이상인 집은 반드시 한 명씩 나가야 한다는 것이었다. 탄광에서 일을 하면 월급을 많이 준다고 했다.

어차피 한 명 이상 나가지 않으면 군인들이 몰려와 강제로 끌고 갈 것이었다. 동생은 아직 어렸기 때문에 상국이가 가게 되었다. 상국이는 차라리 잘되었다고 생각했다. 돈을 벌어 고향에 보내면 남은 가족들이라도 먹고살 수 있을 테니까. 고향인 경상북도 영천에서만 251명의 청년이 모였다.

　모인 사람들은 배를 타고 시모노세키로 갔고, 여기서 190명 정도가 트럭에 실려 산에 도착했다. 다음 날, 신체검사를 받고 곧바로 탄광에 들어가 일을 했는데, 아침 5시 전에 일어나 밥을 먹고 6시부터 저녁 6시까지 탄광에서 나올 수 없었다. 갱도는 좁고 안전시설이 없어서 자주 무너졌는데 그럴 경우 그 속에서 일하던 사람들은 꼼짝없이 묻혀 버렸다.

　밥이래야 멀건 소금국에 시커먼 밥 한 덩이가 전부였다. 이유 없이 감시원의 발에 채이고 뺨을 맞는 일이 많아서, 아예 뺨을 내놓고 살았다. 감시도 아주 심해서 약간의 소동만 있어도 몽둥이찜질을 당했다.

　한번은 전라도에서 온 3명이 밤을 틈타 도망친 적이 있었다. 이런 데서

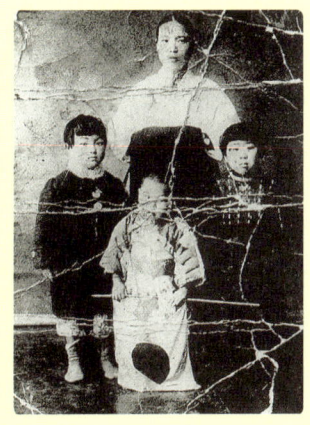

조선인 노동자의 죽음
일본 지쿠호의 한 탄광에 강제 징용되었다가 죽임을 당한 조선인의 품에서 발견된 가족사진이다.

탄광에서 일하는 조선인 노동자
규슈 탄광에서 일하는 조선인 노동자 모습이다. 일제가 강제 동원해 끌고 간 노동자들은 노예 같은 생활을 하면서 임금도 제대로 받지 못했다.

고생하다 죽으니 차라리 도망치다 죽겠다는 거였다. 하지만 셋 모두 잡히고 말았다. 그날 밤, 흠씬 맞아 망가진 그들을 무릎 꿇린 채, 일본인 감시원이 훈시를 했다.

"너희는 나라를 위해 이곳에 왔는데 도망을 치다니, 이게 무슨 일이냐? 지금 군인들은 목숨을 걸고 전쟁터에서 싸우고 있단 말이다!"

그러더니 다시 3명에게 몽둥이가 날아들었다. 피가 흐르는데도 멈추지 않았고 기절하면 다시 물을 부어 가며 때렸다. 상국은 이가 갈렸지만 두려운 마음에 오금이 저려 왔다.

'제길, 누구의 나라냔 말이냐. 내가 왜 여기 있는 거냐!'

완전히 고꾸라진 3명을 두고 감시원의 고함이 드높았다.

"잘 기억해 둬라. 도망가면 살아날 수 없다!"

다음 날로 도망쳤던 3명의 얼굴은 볼 수가 없었다.

어느 날 상국은 작업장 옆에서 거적으로 덮인 여러 구의 시신을 보았다. 모두 함께 일하던 동료였다. 병이 들면 꾀병이라고 몰아 흠씬 두들겨 팬 뒤 목숨을 잃으면 이곳에 버렸고, 뼈가 부러지거나 몸이 약해 일을 할 수 없는 사람도 며칠 뒤엔 이곳에서 발견되었다. 일을 하다 다쳐도 목숨을 잃을까 봐 감히 아프다는 말을 하지 못했다. 상국이도 한번은 갱목에 깔려 갈비뼈가 부러졌지만 이를 악물고 참았다. 고향에 돌아가는 것만이 유일한 희망인데, 이렇게 죽을 수는 없었다. 가끔 시간이 나면 동료들의 시신을 수습해 묻어 주고 돌 비석을 세워 주었다. 이것도 들키면 몽둥이가 날아왔으니 몰래몰래 할 수밖에 없었다.

1944년 가을, 사무소 사람이 상국을 불러 전보 하나를 전해 주었다. 아버지가 돌아가셨다는 소식이었다. 그래도 가족을 볼 수 있다는 생각에 질긴 목숨을 이어 오던 상국은 기가 막혔다.

"그전에 한 번, 아버지가 위독하다고 전보가 오긴 했었는데 깜빡 잊었지 뭐야. 이 전보도 벌써 3주 전에 온 거니까, 이제 봐야 소용도 없겠군."

감시원의 말에 머릿속이 하얗게 빈 상국은 감시원을 두들겨 패 주었다. 물론 상국은 그날부터 며칠 동안 한 끼도 먹지 못하고 매를 맞았다.

상국은 어차피 여기서 죽을 목숨, 도망치다 죽어도 좋다는 생각이 들었다. 10월이 되자 감시가 소홀한 틈을 타 숙소를 빠져나온 상국은 강물을 따라 3시간 넘게 걷다가 뛰다가 하며 비바이라는 도시에 도착했다. 몰골이 말이 아니라 남의 눈에 쉽게 띌까 봐 숨어서 기차역을 찾아간 그는 마침 막 떠나려는 기차에 얼른 올라타 탈출했다.

상국은 일하면서 배운 일본어를 쓰면서 일본인 행세를 했다. 여기저기 허드렛일을 하며 목숨을 부지하는데, 어느 여름날에 일본이 전쟁에서 졌다는 소식이 들렸다. 그 뒤 상국은 미국이 강제로 끌려온 사람들을 위해 마련한 배를 타고 고향으로 돌아왔다.

하지만 상국은 그 지옥 같던 탄광 안, 그리고 마치 짐승처럼 살았던 그때를 잊을 수가 없었다. 일하면서 나중에 한꺼번에 주겠다던 월급은 수중에 한 푼도 들어온 적이 없었다. 그때 다친 갈비뼈만 고통스럽게 쑤셔 올 뿐이었다.

얼음의 땅 사할린, 끌려간 고려인들
(사할린에 강제 이주되었던 블라디미르 박 할아버지의 증언을 바탕으로 쓴 글입니다.)

경찰서 앞의 바람이 아직도 차다. 동원은 오늘도 며칠 전 강제로 경찰서에 끌려간 아버지를 만나기 위해 면회 신청을 했지만, 역시 부질없는 일이었다. 며칠째 눈물로 밤을 지새우시는 어머니와 할머니 생각을 하니,

뭐라 말을 해야 할지 막막했다. 저 안에서 아버지는 무사히 지내고 계시는지…….

다음 날 새벽, 갑자기 들이닥친 남자들이 곤히 잠들어 있는 세 식구를 흔들어 깨웠다. 같이 온 경찰들은 총을 뽑아 들고 얼른 밖으로 나가라고 소리를 질렀다. 놀란 가족들은 남자들에게 이끌려 길거리로 내몰렸고, 다른 사람들과 함께 기차역까지 걸어갔다.

"자, 얼른얼른 타라. 천황 폐하의 은덕으로 너희에게 새 땅이 생겼다."

동원이와 가족들, 그리고 수많은 사람이 마치 짐승처럼 기차 화물칸에 실렸다. 무슨 일인지 물었다가 따귀를 맞거나 몽둥이찜질을 당하는 사람들이 보였다. 기차에 실린 사람들은 어머니, 아버지를 목 놓아 부르거나 바닥을 치며 통곡했다.

동원이는 어머니의 손을 꼭 잡고 놓지 않았다. 아차 하다가는 사람들에 떠밀려 헤어질 판이었다. 동원이 식구들이 탄 화물차 칸에는 80명쯤이 타고 있어 콩나물시루처럼 빽빽했다. 화장실은 고사하고 마실 물조차 없었다.

한참을 달리던 기차가 멈춰 서면 사람들은 누구나 할 것 없이 뛰어내려 남녀로 갈려 볼일을 봤고, 일이 끝나면 다시 일본인 경찰들의 고함 소리를 들으며 기차에 올라탔다. 기차 한구석에 조그만 구멍이 뚫려 있었지만 냄새가 지독하게 역겨워서 누구도 잘 사용하려 하지 않았다.

며칠 낮밤을 먹지도 못하고 달리는 기차에 시달린 사람들의 기력은 쇠해 갔다. 기차가 멈춘 곳에 집이 있으면 가리지 않고 달려가 음식을 빼앗아 먹었다. 그것조차 먹지 못한 사람은 굶어 죽었다.

그렇게 한 달을 넘게 기차를 탔다. 날이 갈수록 추워졌고 풍경도 낯설었다. 황량한 황무지가 끝도 없이 이어졌고, 사람이 사는 집도 점점 줄어들었다. 다 해진 누더기에 뼈만 남은 귀신 꼴을 하고 도착한 곳은 러시아 사할린, '무이나크'라는 황무지였다. 무이나크는 '흰 모래 소금의 땅'이라는 뜻이었다.

기차는 동원이를 비롯해 2000명이 넘는 조선인을 그곳에 남겨 두고 떠났다. 먹을 것은 없었고, 차가운 바람을 가릴 집도 없었다. 손에 든 것이라고는 일본인들이 던져 주고 간 천막뿐이었다.

먹고사는 것이 급했으므로 사람들은 우물을 팠고, 그 물로 땅을 뒤덮은 허연 소금을 씻어 냈다. 몇 차례 반복하자 드디어 씨를 뿌릴 만한 땅이 되었지만, 이번엔 씨앗을 구할 수가 없었다. 그곳에 살고 있는 러시아인들에게 통사정을 하고 그들 집에서 몇 달씩 일을 해 준 끝에 씨앗을 얻어 밭을 일구었다.

살을 에는 바람과 끝없이 밀려드는 소금기와 싸우며 변변한 도구도 없이 농사를 짓는 일은 아주 힘들었다. 그래도 조선인들은 서로 의지하며 살아갔다.

'블라디미르 박'은 열두 살에 얼음의 땅으로 강제 이주된 소년의 새

이름이었다. 블라디미르는 어머니와 함께 소처럼 일을 해 곡식을 기르며 살아갔다. 그러다가 제2차 세계 대전이 일어났고, 사할린이 소련의 손에 들어갔다. 일본이 밀려났다는 소식에 잠시 고향에 돌아가는 꿈을 꾸었다. 그러나 사할린을 차지한 소련은 일본인의 세력이 커질까 봐, 겨우 먹고살게 된 조선인들을 중앙아시아의 벌판으로 또 한 번 강제 이주시켰다. 그동안 맨손으로 일군 밭과 집은 모두 소련의 차지가 되었다.

다시 한 번 간단한 식량과 옷가지만 챙겨 들고 화물 열차에 짐짝처럼 실린 사람들은 40일이 넘도록 기차를 타고 달려야 했다. 추위와 굶주림, 질병으로 수많은 어린이와 노인이 죽었다.

칼바람이 부는 한겨울 벌판에 내린 조선인들은 필사적으로 동굴을 파고 그 안에 들어가 살았다. 지옥 같은 날들이 또 그렇게 지나갔다. 풀도 자라지 않는 거친 땅에서 돌을 골라 다시 밭을 만들고, 움막을 짓고 살아갔다. 모진 목숨을 이어 간 이유는 단 한 가지, 고향 땅에 돌아가리라는 희망 때문이었다.

중앙아시아 사람들은 이들을 '까레이스키', 즉 '고려인'이라 불렀다. 추운 얼음의 땅에서 칠십 평생을 지낸 블라디미르의 소원은 단 하루라도 '고려인'이 아닌 떳떳한 '한국인'으로 살아 보는 것이었다. 고향에 불던 따뜻한 봄바람을 다시 한 번 맞고 싶었다.

조국 해방은
우리 손으로

학도병, 임시 정부를 찾아 탈출하다

우리나라 일본을 지키랍시는
황송하신 뜻 받아 가는 지원병
내 고장이 낳아 준 황군(천황의 군대)의 용사
임금님께 바치는 크나큰 영광
총후봉공 뒷일은 우리 차지니
간 데마다 충성과 용기 있어라.
갈지어다 개선날 다시 만나자
둘러 둘러 일장기 불러라 만세.

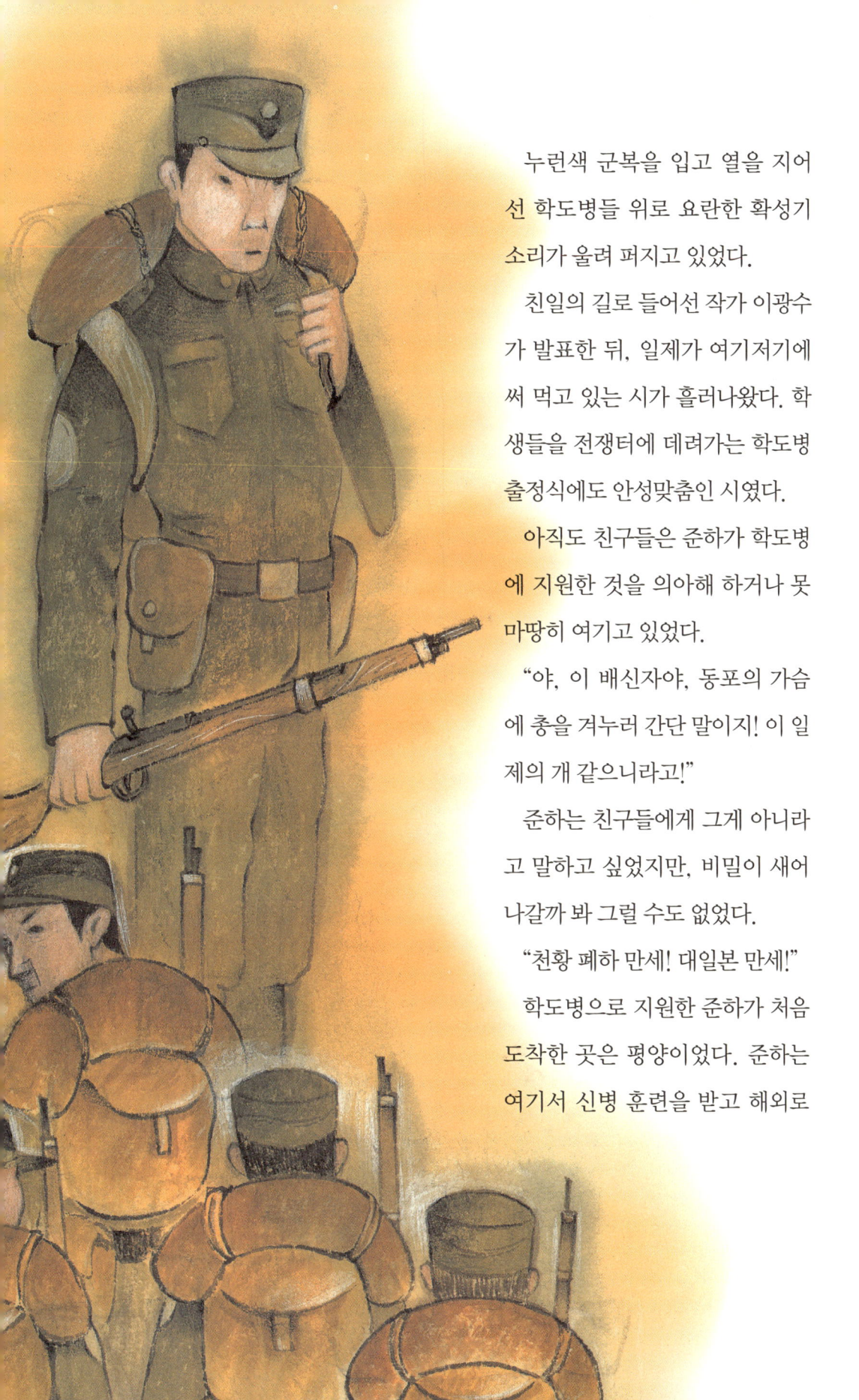

누런색 군복을 입고 열을 지어 선 학도병들 위로 요란한 확성기 소리가 울려 퍼지고 있었다.

친일의 길로 들어선 작가 이광수가 발표한 뒤, 일제가 여기저기에 써 먹고 있는 시가 흘러나왔다. 학생들을 전쟁터에 데려가는 학도병 출정식에도 안성맞춤인 시였다.

아직도 친구들은 준하가 학도병에 지원한 것을 의아해 하거나 못마땅히 여기고 있었다.

"야, 이 배신자야, 동포의 가슴에 총을 겨누러 간단 말이지! 이 일제의 개 같으니라고!"

준하는 친구들에게 그게 아니라고 말하고 싶었지만, 비밀이 새어 나갈까 봐 그럴 수도 없었다.

"천황 폐하 만세! 대일본 만세!"

학도병으로 지원한 준하가 처음 도착한 곳은 평양이었다. 준하는 여기서 신병 훈련을 받고 해외로 배치될 예정이었다. 조선인 군인은 한마디로 일본군의 군수품 같은 존재였다. 전쟁이 오래 계속되고 더욱 격렬해지자 부족한 군인 수를 채우기 위해 급히 동원된 것이다. 처음에는 지원하는 젊은이들만 데려갔지만, 나중에는 20세 이하의 모든 남자에게 의무적으로 군대에 들어갈 것을 강요했다.

조선인 군인들은 짧은 훈련을 거쳐 전선에 배치되었다. 미국, 영국의 군대와 전투가 벌어지는 동남아시아 지역에는 일본인들을 보내고, 조선인들은 주로 중국으로 보냈다. 중국에서는 일본에 맞선 국민당과 공산당의 전투가 소규모로 벌어졌고, 조선인 군인들은 일본의 감시를 받으며 전투에 참여했다.

중국인을 공격하는 역할은 주로 일본인이 맡고, 조선인은 말 그대로 총알받이였다. 아직 어린 조선인들은 총을 다루는 교육을 제대로 받은 적도 없었는데 이들에겐 아예 총을 주지 않고 전쟁터로 내몰기도 했다.

준하는 군대를 탈출해 임시 정부가 있는 충칭으로 가겠다는 계획을 세웠다. 탈출은 준하가 학도병에 지원할 때부터의 다짐이었다.

3·1 운동 이후 상하이 임시 정부는 별다른 활동을 하지 못했다. 오히려 간도와 만주, 연해주 지방의 무장 투쟁 단체들이 일본에 맞서 활발한 활동을 펼쳤다.

임시 정부의 김구 주석은 이런 어려운 상황을 극복하고자 일본 요인 암살을 목적으로 한인 애국단을 만들었다. 조국을 위해 기꺼이 목숨을 버리고자 찾아온 이봉창은 천황의 마차에 폭탄을 던졌고, 윤봉길은 훙커우 공원에서 일본의 승전 기념식을 틈타 요인 5명을 암살했다.

두 사람의 의거는 그동안 변변한 성과가 없어 지지를 받지 못하던 임시 정부에 새로운 힘과 용기를 불어넣었고, 일제에 맞서 힘겨운 투쟁을 벌이던 중국 정부에게도 큰 감명을 주었다. 이후 중국은 임시 정부의 항일 투쟁을 지지하면서 여러 차례 연합 작전을 벌였다.

윤봉길의 의거로 큰 타격을 입은 일본이 임시 정부에 보복하기 위해 상하이의 많은 조선인을 불법으로 잡아가 괴롭히자 김구는 임시 정부를 충칭으로 옮겼고, 1940년에는 드디어 임시 정부의 정규 부대인 광복군을 창설했다. 그로부터 1년 뒤, 김원봉이 이끄는 조선 의용대가 광복군에 동참하면서 임시 정부의 군사 활동이 활기를 띠었다.

조선 의용대는 1937년 중·일 전쟁이 일어난 뒤 일본과 맞서 싸우는 중국군과 연합해 큰 성과를 올렸다. 군대를 창설하지 못해 무장 투쟁을 벌이지 못했던 임시 정부에게는 부러운 일이었다.

"김원봉 장군의 주장은 우리 임시 정부에서도 매우 중요하게 여기고 있습니다. 얼마 전 임시 정부에서는 조국을 되찾고 나라를 새로 정비할 때 지킬 규칙을 발표했습니다."

"예, 알고 있습니다. 건국 강령 말씀이시지요? 어느 인민이나 국가의 정치에 참여하고, 땅과 공장을 함께 소유하며, 누구든지 돈 걱정 없이 학교에 다닐 수 있도록 하는 것은 저희도 매우 중요하게 생각하고 있는 사항입니다."

김구와 김원봉은 서로의 뜨거운 손을 맞잡았다. 조선 의용대와의 연합으로 광복군의 전력은 강해졌다. 일본에 함께 맞서 싸우는 중국군의 지원을 받아 군수품을 얻고 첩보전을 펼쳤으며, 일본 병사들의 사기를

광복군의 훈련 장면
1940년에 중국 충칭에서 설립된 광복군은 태평양 전쟁이 일어나자 일본에 맞서 선전 포고를 했고, 연합군의 편에서 첩보와 통역 등을 맡아 활약했다.

떨어뜨리는 심리전도 벌였다.

임시 정부의 활동을 익히 들어 알고 있던 준하는 일본군을 탈출해 충칭으로 가기로 마음먹었다. 부대에서 훈련을 받는 동안 준하는 주변의 지형과 중국군의 배치, 방위를 익혀 두었다. 뜻을 함께할 동지 3명도 모았고, 나침반과 성냥도 은밀히 배낭 한구석에 챙겨 두었다.

1944년 7월 7일, 이날은 일본이 중·일 전쟁을 일으킨 경축일이었다. 부대는 하루 종일 축제 분위기였다. 이날 감시 분위기가 풀어진 틈을 타서 준하와 동지들은 철조망을 넘었다. 이대로 달려 산 하나를 넘으면 중국군의 부대가 있을 터였다. 무조건 동북 방향으로 가기로 했다. 4명의 탈영병은 들을 헤치고 강을 건너며 달렸다. 그러다 몸이 말을 듣지 않을 정도로 지치자 옥수수밭과 강 어귀에서 지쳐 잠이 들었다.

문득 깨어 보니 총구가 눈앞에 있었다. 소스라치게 놀라 벌떡 일어서니 중국 말을 쓰는 사람들이 그들을 에워싸고 있었다. 일본 군복을 입고 있어서 적으로 생각하는 것 같았다. 그들은 손짓 발짓을 동원해 자신들이 탈출한 조선인임을 알렸고, 중국군에 구조되었다.

임시 정부와 협력하고 있던 중국군은 여러 경로를 거쳐 준하 일행을 광복군 훈련소로 보내 주었고, 이곳에서 3개월간 훈련을 받은 뒤 다시 8일 동안 6000리 길을 걸어 동료들과 충칭 임시 정부에 다다랐다. 일본 군대를 탈출한 지 7개월 만이었다.

임시 정부에서 해방을 꿈꾸며

일흔을 바라보는 김구 선생의 눈은 아직도 형형했다. 준하의 손을 따뜻이 잡아 주는 김구 선생 뒤에는 그토록 보고 싶었던 태극기가 드리워져 있었다. 오랫동안 해외 활동을 펼쳐 오느라 머리가 희끗희끗해진 독립운동가들이 둘러앉았다.

"저희는 어려서부터 일장기만 보아 왔기에 의심도 하지 않고 일장기를 우리나라 국기로 생각했습니다. 그러다가 철이 들면서 그것이 일본 국기임을 알았습니다. 그제야 우리는 온 나라에 일장기 대신 태극기가 휘날리면 얼마나 좋을까 하고 생각하며 지냈습니다. 오늘 임시 정부 청사에서 높이 휘날리는 태극기를 바라보며 느꼈던 감격, 그 감격을 느끼려고 우리는 6000리 길을 걸어왔습니다. 진정 조국을 위해 우리가 몸 바칠 곳을 찾았다는 기쁨으로 몸을 떨었습니다. 저희는 조국과 민족을 위해서라면 무슨 일이든 할 각오가 되어 있습니다."

준하의 연설이 이어지는 동안 앉아 있던 독립운동가들 사이에서 흐느낌이 시작되었고 곧 통곡으로 이어졌다. 나라 잃은 설움이 터져 나오는 눈물의 환영식이었다.

김구의 눈에도 눈물이 흘렀다. 준하의 젊고 패기에 찬 목소리를 들으니, 8년 전 자신을 찾아왔던 윤봉길이 생각났다. 샌님같이 얌전한 얼굴을 하고는 다짜고짜 폭탄을 달라고 했던 윤봉길은 이미 나라를 위해 목숨을 버릴 작정을 하고 왔었다. 그들은 은밀한 계획을 세워 의거를 준비했다. 특별 제작한 암살용 물병 폭탄과 자결용 도시락 폭탄을 최종 점검하고 나서 마주 본 윤봉길의 눈은 흔들림이 없었다.

윤봉길과 그의 시계
의거를 단행해 일본에 큰 타격을 준 윤봉길과 그가 거사 직전 김구에게 선물한 시계이다.

윤봉길은 김구에게 자신의 시계를 풀어 내놓으며 말했다.

"선생님, 저는 이제 이 시계가 필요 없으니 선생님의 낡은 시계와 바꾸겠습니다."

윤봉길의 의거 이후 중국에서는 조선인의 독립 투쟁에 대해 감동을 받은 사람이 많았다. 특히 국민당 측은 적극적인 지원을 아끼지 않겠다고 했다. 그러나 동시에 일본의 탄압이 거세졌고, 임시 정부의 활동은 더욱 움츠러들었다. 여러 차례 임시 정부의 위치를 옮겨 겨우 충칭에 자리를 잡았다.

준하와 동지들은 이제 곧 나라를 위한 일을 할 수 있으리라는 희망에 가슴이 뛰었다. 그러던 어느 날, 이범석 장군이 찾아왔다. 이범석 장군은 시안(西安)에서 광복군을 지휘하고 있었다.

"준하 군. 나와 함께 시안으로 갑시다. 우리는 미군과 함께 한국 침투 작전을 위해 훈련을 하고 있소. 권력 싸움에 지친 충칭을 떠나 시안으로 갑시다."

혼자만의 힘으로는 대규모 작전을 수행할 수 없던 광복군은 이미 연합군과 협력해 훈련을 받고 있었다. 태평양 전쟁이 일어나자 독일과 일본에게 선전 포고를 했고, 영국과 연합해 버마(오늘날의 미얀마)와 인도 전선의 전투에 참여했으며, 미국과 연합해서는 회유 방송이나 암호문 해석 등에서 뛰어난 능력을 발휘했다.

임시 정부는 연합군의 작전에 꼭 참여해야 했다. 그래야 전쟁이 끝난 뒤 승전국에게 주어지는 권리를 얻을 수 있기 때문이었다. 전쟁에서 이긴 나라가 일본의 식민지였던 조선의 미래를 결정할 것이다. 여기에

이범석 장군과 미국 훈련관들
이범석 장군(오른쪽)과 OSS 특수 훈련관들 모습이다. 한국 광복군은 국내 진입 계획을 세우고 1945년 5월부터 8월까지 OSS 특수 훈련을 받았다.

끼지 못한다면 미국이나 소련의 입맛대로 조선의 운명이 결정날 수도 있었다. 전쟁 후 조선의 당당한 대표로서 그 회의에 참여하고, 다른 강대국의 손에 휘둘리지 않는 독립국으로서 대한민국을 굳건히 세우는 것이 임시 정부의 목표였다.

시안에 도착한 준하는 미군에서 주도하는 OSS(제2차 세계 대전 당시 미국의 정보 기관) 특수 훈련을 시작했다. 적진에 침투해 치명적인 공격을 할 수 있도록 여러 가지 특수 군사 훈련을 받았다.

1945년 8월 초 어느 날, 준하는 삭발을 했다. 국내 진입 명령을 기다리는 중이었다. 조국과 민족을 위해 목숨을 버리는 일, 그동안 얼마나 고대하던 꿈이란 말인가! 그는 물건을 정리하고 명령이 떨어지기만을 기다렸지만 8월 10일이 되도록 아무 소식이 없었다.

심상치 않은 기운을 느끼고 있던 차에 한 장의 전문을 받았다. 미국이 8월 6일과 9일에 일본의 히로시마와 나가사키에 원자 폭탄을 투하했고, 이에 일본이 무조건 항복을 선언했다는 내용이었다.

원자 폭탄 투하로 갑자기 닥친 해방

1945년 8월 6일 8시 15분 15초 정각, 미국인 조종사 폴 티베츠는 원자 폭탄의 발사 단추를 꾹 눌렀다. 그리고 42초 뒤, 히로시마 땅에 폭탄이 터지면서 주변의 온도가 6000만 도까지 올라갔다. 태양 표면보다 1만 배 더 뜨거워진 것이다.

  뜨거운 열을 머금은 공기는 엄청난 속도와 무게로 주변에 퍼져 나갔다. 원자 폭탄이 떨어진 곳에서 1킬로미터 안쪽에 있던 사람들의 몸속

미국의 나가사키 원자 폭탄 투하
1945년 8월 9일, 미국의 원자 폭탄 투하로 나가사키 상공에 발생한 원자구름이다.

장기는 순식간에 증발했고, 열 폭풍은 주변의 건물 6000채를 넘어뜨릴 만큼 강했다.

　벽돌, 철근, 바위까지도 산산조각 났고, 숲의 나무는 성냥개비에 불이 붙듯이 일순간에 까맣게 변했다. 화르륵 불이 붙듯 타 버린 사람들의 시신이 뜨거운 열 폭풍을 타고 날아다녔다. 폭탄이 터질 때의 강렬한 빛에 사람들의 눈이 멀었고, 화염은 모든 것을 태워 버렸다.

　1945년 8월 9일, 다시 나가사키 하늘 위에서 원자 폭탄이 떨어졌다. 히로시마에 떨어졌던 '꼬마(Little Boy, 원자 폭탄의 별칭)'보다 1.5배 더 강력한 '뚱보(Fat Man)'였다. 뜨거운 석탄 4000톤을 일시에 쏟아부은 것처럼, 나가사키 전체가 뜨거운 불구덩이로 변했다.

　사람들은 순식간에 재가 되었고, 도시의 건물이 다 무너져 허허벌판으로 변했다. 열 폭풍에 실려 다니는 깨진 유리들이 살아남은 사람을 공격했고, 여기저기서 불이 나 수많은 사람이 죽었다.

한국인 원자 폭탄 피해자 위령비
원자 폭탄에 희생된 한국인은 미국과 일본은 물론, 한국 정부로부터도 보상을 받지 못했다. 이들을 기리는 위령비가 일본 히로시마 평화 공원 안에 세워져 있다.

히로시마와 나가사키는 군수품과 무기를 만드는 공장이 많은 곳이었다. 따라서 일본에 강제로 끌려가 일하던 조선인 노동자들도 많이 살고 있었다. 이들의 집은 나무 기둥 몇 개와 거적으로 얼기설기 지은 움막이나 판잣집으로, 원자 폭탄 앞에 아무 힘이 없었다. 원자 폭탄에 희생된 조선인은 5만여 명으로 추정된다.

1945년 8월 15일, 일본 천황의 항복 선언이 라디오로 생중계되었다. 그렇게도 원하던 해방이건만, 소식을 들은 김구의 입에서는 뜻밖에도 한탄이 흘러나왔다.

"아, 왜적이 항복을 하다니…… 하늘이 무너지는 일이로구나. 그동안 전쟁에 참여해 승리하려고 했던 것이 모두 허사가 되었구나."

연합군에 참전해 스스로의 힘으로 해방을 이루는 것, 김구가 바라던 것은 바로 그것이었다. 그렇게 되었을 때, 해방을 맞은 대한민국의 앞날을 스스로 결정할 수 있었기 때문이다. 미국과 소련이라는 강대국의 입김에 휘둘리지 않고, 대한민국 대표로서 조국의 앞날을 결정할 수 있는 기회는 이렇게 물거품이 되고 말았다.

일제의 압제에서 벗어난 대한민국의 미래는 다시 미국과 소련이라는 강대국의 손으로 들어가고 말았다.

문화재를 찾아서

한글을 지키려는 노력의 결실,
《조선말 큰사전》

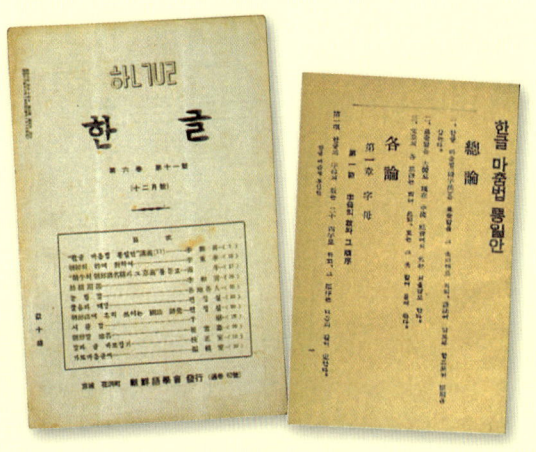

《한글 맞춤법 통일안》
일제의 탄압으로 잊혀져 가던 한글을 정리한 것이다.

해방을 맞은 지 보름이 조금 지난 어느 날, 경성역 창고에서 낡은 상자 하나가 발견되었다. 역장은 상자에 묻은 먼지를 툭툭 털고 뚜껑을 열었다. 그 속에는 낡은 원고지 뭉치가 여럿 들어 있었는데, 원고지에는 깨알 같은 글씨로 쓰고 지우고를 반복한 한글 낱말풀이가 빼곡히 들어차 있었다.

'그들이 찾던 게 바로 이거구나!'

한글 학자들이 일본 경찰에 압수당한 원고를 찾고 있다는 며칠 전 신문 기사가 떠올랐다. 사무실로 돌아온 역장은 떨리는 손으로 수화기를 들었다.

민족 문화가 암흑 속에서 사라져 가던 일제 강점기 시절, 일제는 조선어 교육을 금지하며 일본어만을 사용하라고 강요하고 있었다. 그러나 그럴수록 조선인의 우리말 사랑은 더욱 강해져서 그동안 천대받던 조선어에 '한글'이란 새 이름을 붙이고 한글날까지 제정했다.

1929년, 전국의 한글 학자들은 '조선어 학회'를 창립하고 전국 방방곡곡에서 사용하고 있는 아름다운 우리말을 모두 모아 사전을 만들기로 했다. 이름하여 '말모이 대작전'을 펼친 것이다. 이는 옛말, 새말, 사투리, 고유어, 고유 명사 등 한글의 모든 단어를 총망라해 일제 치하에서 자꾸만 사라져 가는 우리말을 지키고자 함이었다. 학자들은 신문에 광고를 냈으며, 이를 본 국민들은 자기 주변에서 사용하는 모든 말을 적어 학자들에게 보냈다.

학자들은 이를 받아 다듬고 풀이해 정리해 나갔다. 제 나라 말을 쓰지 못하는 식민지

설움 속에서 살아가던 조선인들의 열과 성이 한데 모였다. 전국 73명의 한글 학자들이 치열한 토론과 현장 연구를 벌인 결과 1933년, 《한글 맞춤법 통일안》을 펴냈고, 이로써 천대받던 한글의 체계를 잡을 수 있었다. 이렇게 마련한 표준어는 총 6111개였다.

이후에도 학자들의 연구와 조선인의 호응은 계속되었고, 그 정성이 원고지 2만 6500여 장으로 정리되었다. 마무리 단계에 다다랐을 때는 말모이를 시작한 지 13년째 되는 1942년이었다.

그해 10월 어느 날 새벽, 연구에 참여했던 학자들의 집에 경찰이 들이닥쳤다. 경찰은 그들에게 우리말 연구를 구실로 독립운동을 벌였다는 혐의를 뒤집어씌웠다. '조선어 학회의 사전 편찬은 조선의 민족정신을 유지하려는 민족 운동'이라는 것이 이유였다. 13년간 다듬어 온 원고는 모두 증거물이 되어 경찰에게 압수되었다. 학자 33명이 구속되었고, 그중 2명은 고문을 견디지 못하고 목숨을 잃었다.

형무소에서 복역한 학자들은 1945년에 대부분 풀려났고 조국은 해방을 맞았지만 13년간 노력을 기울였던 원고는 찾을 수가 없었다. 이들은 백방으로 수소문하며 신문에 광고를 냈고, 하늘의 도움으로 경성역 창고에서 원고를 찾았다.

다시 빛을 본 이 원고들은 정리를 거쳐서 《조선말 큰사전》으로 발간되었다. 현재 세상에 존재하는 3000여 개의 언어 중에서 고유의 사전을 가지고 있는 언어는 겨우 20개이다. 그중 하나인 한글 사전은 이렇게 식민지라는 암흑 속에서 학자와 국민의 염원으로 탄생했다.

《조선말 큰사전》
1927년 논의를 시작해 1929년 조선어 학회 주도로 사회 각 부문의 인사 108명이 '조선어 사전 편찬회'를 조직하면서 본격적으로 만들어졌다.

연표

우리나라

1905년	을사조약을 맺다.
	을사 의병이 일어나다.
	장지연이 〈시일야방성대곡〉을 발표하다.
	경부 철도가 개통되다.
1907년	고종이 헤이그에 특사를 파견하다.
	고종이 퇴위당하다.
	대한 제국 군대가 해산되다.
	정미 의병이 일어나다.
	신민회가 결성되다.
1908년	일본이 동양 척식 주식회사를 설립하다.
1909년	전국에서 의병 전쟁이 일어나다.
	일본이 남한 대토벌을 실시하다.
1910년	조선이 국권을 상실하다.
	일본이 조선 총독부를 설치하다.
	일본이 토지 조사 사업을 실시하다.
	헌병 경찰 통치가 시작되다.
1911년	105인 사건으로 신민회가 해체되다.

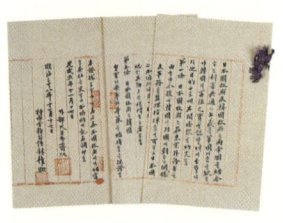

다른 나라

1902년
영국과 일본이 동맹을 맺다.
1904년
러·일 전쟁이 일어나다.
1905년
러시아에서 피의 일요일 사건이 발생하다.

1907년
영국, 러시아, 프랑스 사이에 삼국 협상이 성립하다.

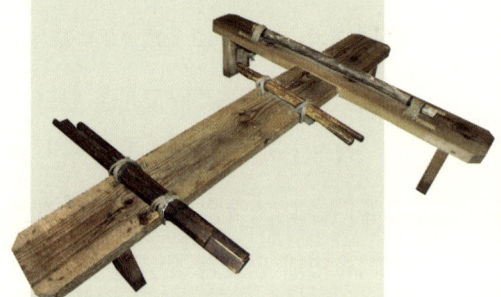

1911년
중국에서 쑨원의 주도로 신해혁명이 일어나다.
1912년
중화민국이 성립하다.

1913년	안창호가 흥사단을 설립하다.	
1916년	박중빈이 원불교를 창시하다.	

1914년
제1차 세계 대전이 시작되다.

1917년
레닌의 주도로 러시아 혁명이 일어나다.

1918년
제1차 세계 대전이 끝나다.
미국 윌슨 대통령이 민족 자결주의를 발표하다.

1919년
도쿄에서 유학생들이 〈독립 선언문〉을 발표하다.
전국적으로 3·1 운동이 일어나다.
대한민국 임시 정부를 상하이에 세우다.
신흥 무관 학교가 설립되다.

1920년
봉오동 전투에서 승리하다.
청산리 전투에서 승리를 거두다.
일제가 간도 참변을 일으키다.
민족 분열 정책이 시작되다.
《동아일보》와 《조선일보》가 창간되다.

1922년 어린이날을 제정하다.

1923년
물산 장려 운동이 확산되다.
암태도에서 소작 쟁의가 일어나다.

1919년
파리 강화 회의가 열려 전후 문제 처리를 논의하다.
간디가 비폭력 저항 운동을 시작하다.
중국에서 5·4 운동이 일어나다.

1920년
국제 연맹이 설립되다.

1921년
마오쩌둥의 주도로 중국 공산당이 창설되다.

1923년
일본에서 간토 대지진이 일어나 수많은 조선인이 목숨을 잃다.

1925년	조선 공산당이 조직되다.
1926년	6·10 만세 운동을 일으키다.
	나운규가 최초의 영화 〈아리랑〉을 제작하다.
	한글날을 제정하다.
1927년	신간회를 창립하다.
1929년	원산에서 총파업이 일어나다.
	광주 학생 항일 운동이 일어나다.
1931년	일본이 만주를 공격하다.
1932년	이봉창과 윤봉길이 의거를 일으키다.
1933년	《한글 맞춤법 통일안》이 제정되다.
1936년	손기정이 베를린 올림픽 마라톤에서 우승하다.
1937년	중·일 전쟁이 일어나다.
	본격적인 민족 말살 정책이 시행되다.
1938년	우리말 사용이 금지되다.
1940년	일제가 창씨개명을 시행하다.
	임시 정부가 충칭에 자리 잡다.
	광복군을 창설하다.
	《동아일보》와 《조선일보》가 자진 폐간하다.
1941년	일본이 미국 진주만을 습격하다.
	태평양 전쟁이 시작되다.
	임시 정부가 일본에 선전 포고를 하다.
1942년	조선어 학회 사건이 일어나다.
	일제가 징병제를 실시하다.
1945년	조선이 해방을 맞다.

1929년
세계 경제 공황이 일어나다.
1931년
일본의 공격으로 만주 사변이 일어나다.
1932년
일본이 만주국을 세우다.
1937년
일본의 선제 공격으로 중·일 전쟁이 일어나다.
일본이 난징 대학살을 일으키다.
1939년
제2차 세계 대전이 시작되다.
1941년
일본의 미국 진주만 공격으로 태평양 전쟁이 시작되다.
1945년
미국이 히로시마와 나가사키에 원자 폭탄을 투하하다.
일본이 항복하다.
독일이 항복하다.
제2차 세계 대전이 끝나다.
유엔이 설립되다.

사진 자료 제공

《거대한 감옥, 식민지에 살다》
민영환(21쪽), 헤이그 특사 위임장(23쪽),
창씨개명을 선전하는 신문 기사(142쪽),
징용자들의 선서식(151쪽)

고려대학교 박물관
민영환의 유서(21쪽)

권태균
서대문 형무소(49쪽)

나눔의 집
김순덕 할머니가 그린 〈끌려가는 날〉(153쪽)

네덜란드 국립문서보관소
헤이그 특사(23쪽)

독립기념관
'불원복' 태극기(32쪽),
안규홍 의병장의 나침반(32쪽),
토지 조사 사업(37쪽), 태극기 목각판(45쪽),
대한민국 임시 정부의 주요 인사들(72쪽)

민족문제연구소
을사오적(18쪽)

《사진으로 보는 한국 100년사》
가족 앞에서 유언하는 안중근(29쪽)

《식민지 교육의 풍경》
징병자들을 환송하는 시가 행진(149쪽)

《식민지 조선과 전쟁 미술》
조선 총독부에서 간행한 《국어 교본》(113쪽),
창씨개명을 촉구하는 전단(142쪽),
금속류 공출(148쪽), 징병을 홍보하는 엽서(149쪽),
내선일체를 선전하는 엽서(150쪽)

《윤봉길 의사》
이봉창 의사(126쪽), 이봉창 의사의 선서문(126쪽),
윤봉길과 김구(172쪽), 윤봉길의 시계(172쪽)

《일제 침략 아래에서의 서울》
동양 척식 주식회사(39쪽),
〈3·1 독립 선언서〉(44쪽), 창경원(58쪽),
조선인 학교의 목공 실습 장면(113쪽),
조선 식산 은행(121쪽)

서대문형무소역사관
일제 강점기 시대의 태형 기구(40쪽)

한글학회
《조선말 큰사전》(179쪽)

• 저작권자를 찾지 못해 게재 허락을 받지 못한 일부 사진에 대해서는 저작권자가 확인되는 대로 허락을 받고 사용료를 지불하도록 하겠습니다.

찾아보기

ㄱ
간도 참변 • 84
간도 협약 • 73
갑오개혁 • 39
강주룡 • 135
《개벽》 • 104
고종 • 19, 44, 66
공출 • 147
광복군 • 169
광주 학생 항일 운동 • 111, 119, 127
김구 • 125, 127, 171
김규식 • 69, 70
김원봉 • 120, 169
김좌진 • 78, 82
까레이스키 • 165

ㄴ
나가사키 • 176
나석주 • 120, 122, 124
나혜석 • 135
내선일체 • 150

ㄷ
대성 학교 • 63
대한 광복군 정부 • 66, 69
대한 광복회 • 66
대한 제국 • 15, 19
《대한매일신보》 • 64, 65
〈독립 선언서〉 • 43, 47, 114
독립 의군부 • 66
《동아일보》 • 104, 124
동양 척식 주식회사 • 38, 121
동학 농민 운동 • 30

ㅁ
마르크스 • 93
만국 평화 회의 • 22
메가다 • 14, 15
물산 장려 운동 • 87, 89
민영환 • 21
〈민족 개조론〉 • 104
민족 분열 정책 • 56
민족 학교 • 63
민종식 • 25

ㅂ
박기옥 • 115
박승환 • 26
박은식 • 62, 65
박준채 • 115, 118
박진홍 • 129, 133

ㅅ
백동화 • 14
베델 • 64, 65
봉오동 전투 • 77, 78

사할린 • 165
산남의진 • 26
3·1 운동 • 43, 54, 66
상하이 임시 정부 • 68, 127
손병희 • 42, 44
식산 은행 • 121, 122
신간회 • 108, 111, 127
신돌석 • 25
신민회 • 62, 64
신사 참배 • 140
신채호 • 62, 65
신흥 무관 학교 • 74

ㅇ
아편 전쟁 • 68
안중근 • 28, 55
안창호 • 62, 68, 69
암태도 소작 쟁의 • 95, 127
양기탁 • 64
오기호 • 22
원산 총파업 • 102, 127

원용팔 · 25
원자 폭탄 · 174, 176
유관순 · 48
6·10 만세 운동 · 107
윤봉길 · 168, 172
윤치호 · 62
을사오적 · 21
을사조약 · 19, 28, 55
의열단 · 120, 121
이경채 · 114, 115
이광수 · 90, 103, 150
이동휘 · 62, 64, 68
이범석 · 173
이봉창 · 125, 128, 168
이상설 · 22, 66
이상재 · 108
이승만 · 68, 69
이승훈 · 42, 44, 64
이시영 · 69, 70
이완용 · 16, 24, 33
이재유 · 129, 132, 133
이준 · 22
이토 히로부미 · 16, 23, 31
일본군 위안부 · 152
일진회 · 24, 55
임시 정부 선언문 · 69

ㅈ
장지연 · 19, 20, 62
제암리 · 50
조병세 · 21
조병옥 · 110, 111
조선 총독부 · 35, 41, 112
《조선말 큰사전》 · 179
조선어 학회 · 178
중·일 전쟁 · 140, 145, 170
지청천 · 74, 76, 78

ㅊ
창씨개명 · 142, 143
청산리 대첩 · 82
최남선 · 42, 103, 150
최익현 · 25
충칭 임시 정부 · 171

ㅌ
태형 · 40
토지 조사 사업 · 37, 41, 122

ㅍ
파고다 공원 · 45, 47
파리 강화 회의 · 71
폴 티베츠 · 175

ㅎ
학도병 · 167
한규설 · 16, 17
《한글 맞춤법 통일안》 · 179
한성 정부 · 68, 69
한용운 · 42
한용원 · 44
한인 애국단 · 126, 168
한일 병합 · 33
허위 · 31
허헌 · 111
헐버트 · 22
헤이그 특사 · 23
호남 의병 토벌 작전 · 30
홍난파 · 150
홍명희 · 111
홍범도 · 27, 77, 78
〈황국 신민의 서사〉 · 138, 140, 144
황국 신민화 정책 · 146
《황성신문》 · 12, 19, 20, 24
황현 · 33, 34
후쿠다 · 115
훙커우 공원 · 168
히로시마 · 175
히로히토 · 126

제대로 한국사 9 식민지를 넘어 해방의 시대로

1판 1쇄 발행일 2010년 5월 10일
개정판 1쇄 발행일 2015년 10월 26일
개정2판 5쇄 발행일 2025년 5월 19일

지은이 전국역사교사모임

발행인 김학원
발행처 휴먼어린이
출판등록 제313-2006-000161호(2006년 7월 31일)
주소 (03991) 서울시 마포구 동교로23길 76(연남동)
전화 02-335-4422 **팩스** 02-334-3427
저자·독자 서비스 humanist@humanistbooks.com
홈페이지 www.humanistbooks.com
유튜브 youtube.com/user/humanistma
페이스북 facebook.com/hmcv2001 **인스타그램** @human_kids

편집 박민영 **디자인** 유주현 고문화 AGI **일러스트** 이용규 박미애
용지 화인페이퍼 **인쇄** 청아디앤피 **제본** 민성사

글 ⓒ 전국역사교사모임, 2010
ISBN 978-89-6591-414-3 74910
ISBN 978-89-6591-405-1 74910(세트)

- 이 책은 《행복한 한국사 초등학교 9》의 개정판입니다.
- 이 책은 저작권법에 따라 보호받는 저작물이므로 무단 전재와 무단 복제를 금합니다.
- 이 책의 전부 또는 일부를 이용하려면 반드시 저작권자와 휴먼어린이 출판사의 동의를 받아야 합니다.
- **사용 연령 8세 이상** 종이에 베이거나 긁히지 않도록 조심하세요. 책 모서리가 날카로우니 던지거나 떨어뜨리지 마세요.

선생님들이 가장 많이 추천한 이보다 좋을 수 없는 최고의 한국사!

이렇게 재미있는 역사책이 있었던가? 꼭 있어야 할, 그리고 꼭 있었으면 하는 내용과 자료가 들어 있는 알찬 구성 덕분에 부모와 교사도 아이와 함께 읽으면 좋다. 흥미진진하고 역사 고증에도 충실한, 말 그대로 이보다 좋을 수 없는 한국사 교양서이다.
— **김성전** 서울수리초등학교 교사

《제대로 한국사》는 재미있고 풍성하다. 무엇보다 생동감이 있어서 마치 영화를 보고 있는 듯한 착각에 빠져든다. 인물, 사건, 제도가 아니라 조상들의 지혜, 용기, 희망 등을 전하고자 하는 역사 선생님들의 노력이 느껴진다. 역사를 왜 공부해야 하는지, 역사가 미래에 어떤 도움이 될지 잘 알려 주는 책이다.
— **이강무** 서울인창중학교 교사

5학년 사회 수업 보조 교재로 꼭 안성맞춤인 역사책이다. 한국사를 이해하는 데 꼭 필요한 내용만 엄선해 쉽게 썼다. 교과서의 흐름에 맞춘 탄탄한 내용 구성은 아이들이 역사를 이해하는 데 도움을 주고, 여러 인물의 이야기는 아이들이 역사에 더 가깝게 다가가도록 돕는다.
— **김형도** 광주새별초등학교 교사

"역사를 잊은 민족에게 내일은 없다." 아이들에게 역사를 제대로 가르쳐야 하는 까닭도 바로 여기에 있다고 생각한다. 교과서만으로는 우리 역사를 깊이 알기 어렵다. '제대로 된' 역사책으로 우리 아이들에게 역사를 알아 가는 기쁨을 주고 싶다.
— **진현** 화성제암초등학교 교사

《제대로 한국사》는 오랫동안 학생들을 가르쳐 온 역사 선생님들이 아이들의 눈높이에 맞춰 흥미로운 이야기로 역사를 들려준다. 아이들이 역사 속으로 푹 빠져 재미있게 읽으면서 동시에 역사 공부도 할 수 있는 멋진 책이다.
— **최운** 남양주판곡초등학교 교사

흥미진진한 자기 주도 역사책. 사료에 기반한 역사적 사실들이 생동감 있게 아이들의 눈앞에 펼쳐진다. 교과서의 어려운 용어와 개념보다 생생한 과거 '사람들의 이야기'가 되살아난다. 아이들이 고개를 끄덕이며 쉽게 읽을 수 있는 진정한 드라마다.
— **맹수용** 의정부중학교 교사

어려운 역사적 용어와 개념을 딱딱한 단어들 앞에 묶어 두지 않고 백성들의 소리로 전달했다. 아이들이 술술 읽으면서 옛사람들이 살았던 시대와 삶을 생생하게 경험해 볼 수 있는 책이다. 이 책에는 아이들이 가진 역사에 대한 거부감의 원인이 무엇인지 알고, 그것을 해결하려 고민한 흔적이 여실히 드러나 있다.
— **나해린** 양주고등학교 교사

교과서 속 인물들이 책에서 빠져나와 살아 움직이며 활기 넘치는 모습으로 이야기를 전해 준다. 역사가 재미없는 과거 사실의 나열이 아니라, 나와 같은 사람들이 울고 웃으며 생활했던 모습이 담겨 있는 옛날이야기라는 것을 보여 준다.
— **손언희** 김해삼성초등학교 교사

굵직한 역사적 사건들을 작은 역사적 사실과 연결해 역사를 쉽게 만나게 한다. 역사책은 딱딱하다는 고정 관념을 버릴 수 있게 한 구성이 마음에 든다. 역사를 처음 만나는 아이들에게는 눈높이 역사 교과서이고, 학부모에게는 흥미진진한 역사 교양 안내서이다.
— **김동국** 부산정관초등학교 교사

내 친구들의 이야기, 내 이웃의 이야기를 읽는 것 같아 친근하다. 그러면서도 주변 사람과의 관계를 생각하게 하고, 사회와 나의 관계, 더 나아가 세계 속의 나를 생각해 볼 수 있게 하는 책이다. 한 편의 이야기를 읽듯 쉽고 재미있다.
— **배병록** 서천초등학교 교사